T0309315

Guide OCDE sur le devoir de diligence pour des chaînes d'approvisionnement responsables en minerais provenant de zones de conflit ou à haut risque

OCDE

Merci de citer cet ouvrage comme suit :
OCDE (2011), *Guide OCDE sur le devoir de diligence pour des chaînes d'approvisionnement responsables en minerais provenant de zones de conflit ou à haut risque*, Éditions OCDE.
http://dx.doi.org/10.1787/9789264111158-fr

ISBN 978-92-64-11121-9 (imprimé)
ISBN 978-92-64-11115-8 (PDF)

Avant-propos

*L*e Guide OCDE sur le devoir de diligence pour des chaînes d'approvisionnement responsables en minerais provenant de zones de conflit ou à haut risque (ci-après dénommé « Le Guide ») constitue le premier exemple d'une initiative concertée faisant intervenir de multiples parties prenantes soutenue par les pouvoirs publics pour une gestion responsable de la chaîne d'approvisionnement en minerais provenant de zones de conflit. Son objectif est de préciser la manière dont les entreprises peuvent respecter les droits humains et de fournir des orientations pratiques visant à éviter toute implication dans des conflits. Le Guide vise aussi à favoriser des chaînes d'approvisionnement en minerais transparentes et un engagement durable des entreprises dans le secteur des industries extractives en vue de permettre aux pays de tirer parti de leurs ressources minérales naturelles et d'empêcher que l'extraction et le commerce des minerais ne soient une source de conflit, d'atteintes flagrantes aux droits humains et d'insécurité.*

Le Guide a été élaboré par le biais d'un processus faisant appel à de multiples parties prenantes avec un engagement approfondi des pays-membres de l'OCDE et de onze pays Africains membres de la Conférence Internationale sur la Région des Grands Lacs (Angola, Burundi, République Centre Africaine, République du Congo, République démocratique du Congo, Kenya, Rwanda, Soudan, Ouganda, Tanzanie et Zambie), de l'industrie, de la société civile, ainsi que de l'Organisation des Nations unies. Trois consultations des parties prenantes ont été organisées à Paris en décembre 2009 et en avril 2010, ainsi qu'une consultation jointe CIRGL-OCDE à Nairobi en septembre 2010 où l'Afrique du Sud, le Brésil et la Malaisie étaient également représentés. En conséquence, le Guide formule des orientations pratiques, l'accent étant mis sur des approches concertées constructives pour faire face à des défis complexes.

La résolution du Conseil de sécurité de l'Organisation des Nations-Unies 1952 (2010) [S/RES/1952(2010)] a invité a donner suite aux recommandations sur le devoir de diligence contenu dans le rapport final du Groupe d'experts des Nations-Unies sur la République Démocratique du Congo, qui appuie et se base sur le Guide de l'OCDE sur le devoir de diligence.

Le Guide a été approuvé par le Comité de l'Investissement de l'OCDE et par le Comité d'Aide au Développement de l'OCDE. Le Guide a été aussi entériné par les onze États membres de la Conférence Internationale sur la Région des Grands Lacs dans la Déclaration de Lusaka, adoptée le 15 décembre 2010.

Une Recommandation relative au Guide sur le Devoir de Diligence a été adoptée lors de la réunion du Conseil OCDE au niveau ministériel du 25 mai 2011. Même si juridiquement non-contraignainante, cette Recommandation reflète la position commune et l'engagement politique des membres ainsi que des non-membres qui adhèrent à la Déclaration sur l'investissement international et les entreprises multinationales.

Table des matières

Graphique

Recommandation du Conseil relative au Guide sur le devoir de diligence pour des chaînes d'approvisionnement responsables en minerais provenant de zones de conflit ou à haut risque[1]

LE CONSEIL,

Vu l'Article 5(b) de la Convention relative à l'Organisation de Coopération et de Développement Économiques du 14 décembre 1960 ;

Vu les Principes directeurs de l'OCDE à l'intention des entreprises multinationales qui font partie de la Déclaration sur l'investissement international et les entreprises multinationales ;

Rappelant que l'objectif commun des gouvernements qui recommandent d'observer les Principes directeurs de l'OCDE à l'intention des entreprises multinationales et de la communauté du développement est de promouvoir des principes et des normes pour un comportement responsable des entreprises ;

Constatant que l'approvisionnement responsable en minerais comporte des aspects touchant à la fois le développement et le milieu des affaires ;

Vu le Cadre d'action pour l'investissement adopté en 2006 qui vise à mobiliser des investissements privés d'une manière qui favorise une croissance économique soutenue et un développement durable ;

---

1. Adoptée par le Conseil au niveau ministériel le 25 mai 2011. Lors de l'adoption, le Brésil a fait la déclaration suivante: « En adhérant à la présente Recommandation, il est entendu pour le Brésil que le Guide sur le devoir de diligence a été élaboré à partir de l'expérience de la région des Grands Lacs en Afrique. Le Brésil est d'avis que les entreprises devraient tenir dûment compte des décisions pertinentes des Nations Unies, y compris les résolutions du Conseil de sécurité des Nations Unies, pour déterminer si d'autres zones d'opération peuvent être considérées comme des zones de conflit ou à haut risque ».

Rappelant les travaux du Comité d'aide au développement dans le domaine de l'engagement international dans les États fragiles, qui visent à éviter de causer des préjudices lorsqu'on s'engage dans des environnements fragiles et touchés par des conflits, notamment les Principes pour l'engagement international dans les États fragiles et les situations précaires approuvés à sa réunion à haut niveau des 3 et 4 avril 2007 ;

Rappelant les efforts de la communauté internationale pour coopérer dans la lutte contre la corruption, notamment par le biais de la Convention de l'OCDE sur la lutte contre la corruption d'agents publics étrangers dans les transactions commerciales internationales et de la Convention des Nations Unies contre la corruption ;

Reconnaissant que les gouvernements, les organisations internationales et les entreprises peuvent chacun s'appuyer sur leurs compétences et rôles respectifs pour contribuer à faire en sorte que les échanges et les investissements dans les ressources naturelles soient bénéfiques à l'ensemble de la société ;

Considérant les efforts de la communauté internationale, en particulier la Conférence Internationale sur la Région des Grands Lacs, pour combattre l'exploitation illégale des ressources naturelles dans les zones de conflit ou à haut risque ;

Reconnaissant que l'exploitation de ressources naturelles dans les zones de conflit et à haut risque est significative et que les entreprises s'approvisionnant ou opérant directement dans ces zones peuvent être exposées à des risques plus élevés de contribuer à des conflits ;

Notant que le devoir de diligence pour des chaînes d'approvisionnement responsables des minerais provenant de zones de conflit ou à haut risque est un processus continu, proactif et réactif, à travers lequel les entreprises peuvent s'assurer qu'elles respectent les droits humains et ne contribuent pas à des conflits ;

Vu le Guide sur le devoir de diligence pour des chaînes d'approvisionnement responsables en minerais provenant de zones de conflit ou à haut risque (ci-après dénommé « le Guide »), élaboré en coopération avec la Conférence Internationale sur la Région des Grands Lacs et approuvé par le Comité de l'investissement et le Comité d'aide au développement [C/MIN(2011)12/ADD1] ;

Vu le Supplément sur l'étain, le tantale et le tungstène, qui fait partie intégrante du Guide, et notant que des suppléments sur d'autres minerais seront ajoutés au Guide à l'avenir ;

Notant que ce Guide énonce les mesures que les entreprises devraient prendre pour recenser et traiter les risques effectifs ou potentiels afin de prévenir ou d'atténuer les impacts négatifs associés à leurs activités ou à leurs relations, tout en reconnaissant qu'une certaine flexibilité est nécessaire dans son application en fonction de circonstances particulières et de facteurs tels que la taille de l'entreprise, la localisation des activités, la situation d'un pays déterminé, le secteur et la nature des produits ou services en cause ;

Reconnaissant que les atteintes graves associées à l'extraction, au transport ou au commerce de minerais énumérées à l'annexe II[2], notamment lorsqu'elles visent les femmes et les enfants, ne sont pas tolérables ;

Sur la proposition du Comité de l'investissement en session élargie (incluant les non-membres adhérents à la Déclaration sur l'investissement international et les entreprises multinationales) et du Comité d'aide au développement ;

RECOMMANDE que les membres et non-membres adhérents à la Déclaration sur l'investissement international et les entreprises multinationales promeuvent activement l'observation du Guide par les entreprises opérant dans ou à partir de leurs territoires et s'approvisionnant en minerais dans des zones de conflit ou à haut risque en vue de s'assurer qu'elles respectent les droits humains, évitent de contribuer à des conflits et contribuent positivement à un développement durable, équitable et effectif ;

RECOMMANDE, en particulier, que les membres et non-membres adhérents à la Déclaration sur l'investissement international et les entreprises multinationales prennent des mesures pour soutenir activement l'intégration dans les systèmes de gestion des entreprises du Cadre en 5 étapes pour l'exercice d'un devoir de diligence fondé sur les risques concernant la chaîne d'approvisionnement en minerais en tenant dûment compte du Modèle de politique relative à la chaîne d'approvisionnement qui figurent respectivement aux annexes I et II[3] à la présente Recommandation dont elles font partie intégrante ;

RECOMMANDE que les membres et non-membres adhérents à la Déclaration sur l'investissement international et les entreprises multinationales, avec l'appui de l'OCDE notamment par le biais de ses activités avec l'Organisation des Nations Unies et les organisations internationales s'occupant de développement, assurent la plus large diffusion possible du Guide et son utilisation active par d'autres parties prenantes,

2. L'annexe II est reproduit aux pages 22-27.

3. Les annexes I et II sont reproduits aux pages 19-27.

notamment les associations professionnelles, les institutions financières et les organisations de la société civile ;

INVITE d'autres non-membres à tenir dûment compte de la présente Recommandation et à y adhérer.

CHARGE le Comité de l'investissement et le Comité d'aide au développement de suivre la mise en œuvre de la Recommandation et de faire rapport au Conseil au plus tard trois ans après son adoption et en tant que de besoin par la suite.

Guide OCDE sur le devoir de diligence pour des chaînes d'approvisionnement responsable en minerais provenant des zones de conflit ou à haut risque

Introduction

Dans les zones de conflit ou à haut risque, les entreprises engagées dans l'extraction et le commerce des minerais sont susceptibles de générer des revenus, de la croissance et de la prospérité, de fournir des moyens d'existence et de favoriser le développement local. Ces situations peuvent en même temps les exposer au risque de contribuer ou d'être associées à des impacts négatifs graves, y compris de graves atteintes aux droits humains et des conflits.

Le présent Guide fournit un cadre et des recommandations détaillées relatives au devoir de diligence pour une gestion responsable de la chaîne d'approvisionnement globale de l'étain, du tantale, du tungstène, leurs minerais et dérivés minéraux, et de l'or[1] (ci-après « minerais »)[2]. Ce Guide a pour objet d'aider les entreprises à respecter les droits humains et à éviter qu'elles contribuent à des conflits par leurs pratiques d'approvisionnement, y compris par le choix de leurs fournisseurs. Il les aidera ainsi à contribuer au développement durable et à s'approvisionner de façon responsable dans les zones de conflit ou à haut risque, tout en créant les conditions propices à un engagement constructif auprès des fournisseurs. Ce Guide se veut en outre un cadre de référence commun pour tous les fournisseurs et les autres parties prenantes dans la chaîne d'approvisionnement en minerais et les initiatives susceptibles d'être mis en place par l'industrie, afin de préciser les attentes quant à la gestion responsable de la chaîne d'approvisionnement en minerais dans des situations de conflit ou à haut risque.

Ce Guide est le fruit d'une collaboration entre les gouvernements, les organisations internationales, l'industrie et la société civile afin de promouvoir la responsabilité et la transparence dans la chaîne d'approvisionnement en minerais provenant de zones de conflit et à haut risque.

1. Un supplément sur l'or sera diffusé en 2011.
2. Les métaux raisonnablement considérés comme recyclés ne sont pas pris en compte dans le présent Guide. Il s'agit des métaux récupérés dans les produits de consommation finale ou les déchets après consommation, ou des déchets de métaux issus de la fabrication des produits. Les métaux recyclés comprennent les matériaux métalliques excédentaires, obsolètes ou défectueux, et les déchets de ces matériaux contenant des métaux affinés ou transformés se prêtant au recyclage dans la production de l'étain, du tantale, du tungstène et/ou de l'or. Les minerais partiellement transformés, non transformés ou qui sont des sous-produits d'autres minerais n'entrent pas dans la catégorie des métaux recyclés.

Zones de conflit ou à haut risque

Les zones de conflit se caractérisent par l'existence d'un conflit armé, d'une violence généralisée ou d'autres risques d'atteinte aux populations. Il existe plusieurs types de conflits armés : internationaux (impliquant deux ou plusieurs États) ou non, guerres de libération, insurrections, guerres civiles, etc. *Les zones à haut risque* se caractérisent souvent par l'instabilité politique ou la répression, la faiblesse des institutions, l'insécurité, l'effondrement des infrastructures civiles ou une violence généralisée, mais aussi des atteintes systématiques aux droits de l'homme et des violations du droit national et international.

Qu'est-ce que le devoir de diligence appliqué à la chaîne d'approvisionnement en minerais et pourquoi est-il nécessaire ?

L'exercice du devoir de diligence est le processus continu, proactif et réactif qui permet aux entreprises de s'assurer qu'elles respectent les droits humains, qu'elles ne contribuent pas aux conflits[3], et qu'elles observent le droit international et se conforment aux législations nationales, y compris celles qui concernent le commerce illicite de minerais et les sanctions des Nations Unies. La notion de devoir de diligence fondé sur les risques renvoie aux étapes que les entreprises doivent suivre pour identifier et gérer les risques effectifs ou potentiels afin de prévenir ou d'atténuer les impacts négatifs liés à leurs activités ou à leurs choix d'approvisionnement.

Pour les besoins du présent Guide, les « risques » sont définis en lien avec les impacts négatifs que peut avoir le fonctionnement d'une entreprise, résultant soit de ses activités, soit de ses relations avec des tiers, y compris avec ses fournisseurs et les autres acteurs de la chaîne d'approvisionnement. Les impacts négatifs peuvent inclure les préjudices aux populations (c'est-à-dire les impacts externes), ou les atteintes à la réputation de l'entreprise ou la responsabilité juridique (c'est-à-dire les impacts internes), ou les deux. Les impacts internes et externes sont généralement interdépendants, les préjudices externes s'ajoutant aux atteintes à la réputation ou aux risques de responsabilité juridique de l'entreprise.

---

3. Principes directeurs de l'OCDE à l'intention des entreprises multinationales (OCDE, 2000) ; Outil de sensibilisation aux risques de l'OCDE destiné aux entreprises multinationales opérant dans les zones à déficit de gouvernance, (OCDE, 2006) et Rapport du Représentant spécial des Nations Unies chargé de la question des droits de l'homme et des sociétés transnationales et autres entreprises « Protéger, respecter et réparer : un cadre pour les entreprises et les droits de l'homme », A/HRC/8/5 (7 avril 2008).

Une entreprise évalue les risques en identifiant les circonstances factuelles relatives à ses activités et ses relations et en évaluant ces faits au regard des normes pertinentes du droit national et international, des recommandations relatives au comportement responsable des entreprises formulées par les organisations internationales, des instruments étayés par les États et des initiatives spontanées du secteur privé ainsi que des politiques et systèmes internes des entreprises. Cette démarche aide aussi à adapter l'exercice du devoir de diligence à la taille des activités de l'entreprise ou à ses relations le long de la chaîne d'approvisionnement.

La chaîne d'approvisionnement de minerais

Le processus consistant à fournir un minerai brut au marché de consommation fait intervenir de multiples acteurs et comprend généralement l'extraction, le transport, la manutention, le commerce, le traitement, la fusion, la fabrication et la vente du produit final. L'expression « chaîne d'approvisionnement » désigne l'ensemble des activités, organisations, acteurs, technologies, informations, ressources et services intervenant dans le transfert du minerai depuis le site d'extraction en aval jusqu'à son incorporation dans le produit final destiné aux consommateurs finaux.

Les entreprises peuvent être confrontées à des risques au sein de leur chaîne d'approvisionnement en minerais en raison des conditions d'extraction, de commerce ou de traitement des minerais qui, par leur nature, présentent des risques plus élevés d'impacts défavorables, comme financer les conflits ou alimenter, faciliter ou exacerber les conditions des conflits. Malgré le caractère du processus de production fragmenté dans la chaîne d'approvisionnement, et indépendamment de leur position ou de leur influence sur les fournisseurs, les entreprises ne sont pas à l'abri du risque d'être associées à des impacts défavorables se produisant à plusieurs niveaux en aval dans la chaîne d'approvisionnement en minerais. En pareils cas, elles devraient déployer en bonne foi des efforts raisonnables pour exercer leur devoir de diligence à fin d'identifier et prévenir ou atténuer les impacts négatifs liés aux conditions d'extraction des minerais et aux relations avec les fournisseurs opérant dans des zones de conflit ou à haut risque.

Le présent Guide s'articule autour des étapes procédurales que les entreprises doivent suivre pour :

● identifier les circonstances factuelles que les entreprises doivent prendre en considération lorsqu'elles procèdent à l'extraction, au commerce, au traitement, à l'affinage, à la fabrication ou à la vente de produits qui contiennent des minerais provenant de zones de conflit ou à haut risque ;

● identifier et évaluer les risques actuels ou potentiels liées aux circonstances factuelles au regard de la politique type relative à la chaîne d'approvisionnement (voir Modèle de politique pour une chaîne d'approvisionnement, annexe II) ;

● prévenir ou atténuer les risques identifiés à travers l'adoption et la mise en œuvre d'un plan de gestion des risques identifiés, qui peut déboucher sur une décision de poursuivre la relation pendant toute la durée des efforts d'atténuation des risques, de suspendre temporairement la relation tout en appliquant des mesures d'atténuation des risques, ou de cesser toute relation avec un fournisseur en cas d'échec des tentatives d'atténuation des risques ou dans les cas où l'atténuation des risques n'apparaît ni faisable ni acceptable.

Qui doit exercer le devoir de diligence ?

Le présent Guide s'applique aux entreprises à tous les stades de la chaîne d'approvisionnement en minerais, qui sont susceptibles de fournir ou d'utiliser de l'étain, du tantale, du tungstène et leurs minerais ou dérivés métalliques affinés et de l'or, provenant de zones de conflit ou à haut risque. Si l'exercice du devoir de diligence doit s'adapter aux activités et relations de l'entreprise, par exemple à sa position dans la chaîne d'approvisionnement, toutes les entreprises devraient néanmoins s'acquitter de leur devoir de diligence afin de s'assurer qu'elles ne contribuent pas à des atteintes aux droits humains ou à des conflits.

Le présent Guide reconnaît que l'exercice du devoir de diligence dans les zones de conflit et à haut risque présente des difficultés d'ordre pratique. En effet, cet exercice demande de la flexibilité. Sa nature et son ampleur dépendront des conditions propres à chaque situation et de facteurs tels que la taille de l'entreprise, la localisation de ses activités, la situation prévalant dans un pays donné, le secteur et la nature des produits ou services concernés. Ces difficultés peuvent être surmontées de diverses façons, notamment, sans que cette liste soit exhaustive :

● Coopération à l'échelle du secteur pour renforcer la capacité de s'acquitter du devoir de diligence.

● Partage des coûts à l'échelle du secteur pour des tâches spécifiques relatives à cet exercice.

- Participation à des initiatives concernant la gestion responsable de la chaîne d'approvisionnement[4].
- Coordination entre entreprises du secteur faisant appel aux mêmes fournisseurs.
- Coopération entre entreprises en amont et en aval.
- Création de partenariats avec les organisations internationales et les organismes de la société civile.
- Intégration du modèle de politiques relatives à la chaîne d'approvisionnement (annexe II) et des recommandations spécifiques relatives à l'exercice du devoir de diligence décrites dans le présent Guide dans les politiques et systèmes de gestion existants, les pratiques de diligence de l'entreprise, notamment celles en matière d'approvisionnement, intégrité et aux mesures pour connaître les clients ainsi que dans les rapports annuels tel que ceux sur la durabilité ou la responsabilité sociale de l'entreprise.

Indépendamment des principes et processus à l'intention des entreprises, le présent Guide recommande des processus et procédures à respecter dans les nouvelles initiatives de l'industrie concernant la chaîne d'approvisionnement, en vue de mettre en place des pratiques d'approvisionnement responsables prenant en compte le risque des conflits et de compléter le développement et la mise en œuvre de systèmes de certification tels que le système et les instruments de la Conférence Internationale sur la Région des Grands Lacs[5].

Plan du Guide

Le présent Guide contient 1) un cadre général pour l'exercice du devoir de diligence pour des chaînes d'approvisionnement responsables en minerais provenant des zones de conflit et à haut risque (*voir* annexe I) ; 2) un modèle de politique relative à la chaîne d'approvisionnement en minerais énonçant un ensemble commun de principes (*voir* annexe II) ; 3) des mesures suggérées pour atténuer les risques et des indicateurs concernant les améliorations que les entreprises en aval pourraient envisager avec l'appui éventuel des entreprises en amont (*voir* annexe III) ; et 4) deux suppléments sur l'étain-le tantale-le tungstène et l'or[6] afin de tenir compte des problèmes posés par la structure

---

4. Par exemple : *ITRI Supply Chain Initiative (iTSCi)*, (ITRI, juin 2009) ; *Smelter Validation Scheme*, Electronic Industry Citizenship Coalition (EICC) et Global e-Sustainability Initiative (GeSI) ; *Conflict Standard* and *Chain of Custody Standard*, World Gold Council (2010) ; et *Chain of Custody in the Diamond and Gold Jewellery Supply Chain*, Responsible Jewellery Council (2010) ; Global Reporting Initiative Supply Chain Working Group (2010).
5. Voir, *Initiative régionale de lutte contre l'exploitation illégale des ressources naturelles* www.cirgl.org.
6. Un supplément sur l'or sera diffusé en 2011.

de la chaîne d'approvisionnement concernant ces minerais. Les suppléments contiennent des recommandations spécifiques concernant le devoir de diligence formulées en tenant compte des différences de position et de rôle des entreprises dans la chaîne d'approvisionnement. Les entreprises utilisant ces minerais, ou leurs dérivés métalliques affinés, devraient consulter les avertissements figurant dans l'introduction de chaque supplément pour déterminer s'il y a lieu d'appliquer les procédures décrites dans ces suppléments.

Nature du Guide

Ce Guide s'appuie sur les principes et les normes énoncés dans les Principes directeurs de l'OCDE à l'intention des entreprises multinationales et l'Outil de sensibilisation aux risques de l'OCDE destiné aux entreprises multinationales opérant dans les zones à déficit de gouvernance, et est conforme à ces principes et à ces normes. Il contient des recommandations adressées conjointement par les gouvernements aux entreprises opérant ou s'approvisionnant en minerais dans des zones de conflit ou à haut risque, et formule des lignes directrices relatives aux principes et aux processus liés au devoir de diligence pour une gestion responsable de la chaîne d'approvisionnement en minerais provenant de zones de conflit ou à haut risque, conformément aux lois applicables et aux normes internationales pertinentes. Le respect de ce Guide par les entreprises est volontaire et ses dispositions ne sont pas juridiquement contraignantes.

ANNEXE I

Cadre en cinq étapes pour l'exercice d'un devoir de diligence fondé sur les risques concernant la chaîne d'approvisionnement en minerais

Les prescriptions et les procédures spécifiques relatives au devoir de diligence différeront suivant le minerai et la position de l'entreprise dans la chaîne d'approvisionnement (comme indiqué dans les suppléments concernant les différents minerais), mais on attend des entreprises qu'elles examinent leurs choix de fournisseurs et d'approvisionnement et qu'elles intègrent dans leurs systèmes de gestion le cadre en cinq étapes suivant relatif à l'exercice d'un devoir de diligence fondé sur les risques pour une gestion responsable de la chaîne d'approvisionnement en minerais provenant de zones de conflit ou à haut risque :

1. *Mettre en place de solides systèmes de gestion.* Les entreprises devraient :

   A) Adopter, et diffuser dans le public et communiquer clairement aux fournisseurs leur politique relative à la chaîne d'approvisionnement en minerais provenant des zones de conflit ou à haut risque. Cette politique devrait incorporer les normes d'exercice du devoir de diligence énoncées dans le modèle de politique relative à la chaîne d'approvisionnement présenté à l'annexe II.

   B) Organiser les systèmes de gestion internes en vue d'appuyer l'exercice du devoir de diligence appliqué à la chaîne d'approvisionnement.

   C) Mettre en place un système de contrôle et de transparence de la chaîne d'approvisionnement en minerais, soit en instituant une chaîne de responsabilité ou un système de traçabilité, soit en identifiant les intervenants en amont dans la chaîne d'approvisionnement le cas échéant. Cela peut se faire dans le cadre de programmes mis en œuvre à l'initiative de l'industrie.

D) Renforcer l'implication des entreprises auprès des fournisseurs. Une politique relative à la chaîne d'approvisionnement devrait être incorporée dans les contrats et/ou les accords conclus avec les fournisseurs. Dans la mesure du possible, les entreprises devraient aider ces derniers à étayer leurs capacités en vue d'améliorer leurs performances dans l'exercice du devoir de diligence.

E) Mettre en place, à l'échelle de l'entreprise ou du secteur, un mécanisme de traitement des plaintes à titre de système d'alerte rapide pour la connaissance des risques.

2. **Identifier et évaluer les risques liés à la chaîne d'approvisionnement.** Les entreprises devraient :

A) Identifier les risques de leur chaîne d'approvisionnement, selon les recommandations des Suppléments.

B) Évaluer les risques d'impacts négatifs au regard des normes énoncées dans leur politique relative à la chaîne d'approvisionnement, établie conformément à l'annexe II et aux recommandations du présent Guide relatives au devoir de diligence.

3. **Concevoir et mettre en œuvre une stratégie pour répondre aux risques identifiés.** Les entreprises devraient :

A) Communiquer les conclusions de l'évaluation des risques liés à la chaîne d'approvisionnement aux dirigeants de l'entreprise.

B) Concevoir et mettre en œuvre une stratégie pour la gestion des risques soit en i) poursuivant les échanges pendant toute la durée des efforts d'atténuation mesurable des risques ; ii) en suspendant temporairement les échanges tout en mettant en œuvre une stratégie d'atténuation mesurable des risques ; ou iii) en cessant toute relation avec un fournisseur après l'échec des tentatives d'atténuation des risques ou dans les cas où l'atténuation des risques ne paraît pas faisable ou acceptable. Pour déterminer la stratégie d'atténuation des risques la plus appropriée, les entreprises devraient se référer à l'annexe II (*Modèle de politique pour une chaîne d'approvisionnement globale responsable en minerais provenant de zones de conflit ou à haut risque*) et prendre en compte leur capacité d'exercer et, si nécessaire, accroître leur influence sur les fournisseurs aptes à maîtriser le plus efficacement les risques détectés. Si les entreprises déploient des efforts d'atténuation des risques tout en poursuivant les échanges ou en les suspendant temporairement, elles devraient consulter leurs fournisseurs et les autres parties prenantes concernées, notamment les autorités locales et centrales, les organisations internationales ou les organismes de la société civile et les tiers concernés, et arrêter la stratégie d'atténuation mesurable des risques dans leur plan de gestion des risques. Elles peuvent s'appuyer sur les mesures et les indicateurs figurant à l'annexe III du *Guide sur le devoir de diligence* pour concevoir des stratégies d'atténuation des risques liés aux zones de conflit ou à haut risque et pour mesurer l'amélioration progressive.

C) Mettre en œuvre le plan d'atténuation des risques, suivre les résultats des mesures d'atténuation des risques et en rendre compte aux dirigeants. Cette démarche peut être menée en collaboration ou en concertation avec les autorités locales ou centrales, les entreprises en amont, les organisations internationales ou les organismes de la société civile, et les autres parties prenantes concernées là où le plan d'atténuation des risques est mis en œuvre et le suivi assuré dans des zones de conflit ou à haut risque.

D) Réaliser des évaluations supplémentaires des faits et des risques pour les risques qu'il est nécessaire d'atténuer, ou lorsque la situation a changé.

4. **Faire réaliser par un tiers un audit indépendant de l'exercice du devoir de diligence concernant la chaîne d'approvisionnement en des points déterminés de cette chaîne.** Les entreprises situées en des points déterminés (indiqués dans les Suppléments) de la chaîne d'approvisionnement devraient faire réaliser des audits de leurs pratiques de diligence par des tiers indépendants. Ces audits peuvent être réalisés par le biais d'un mécanisme institutionnalisé.

5. **Rendre compte de l'exercice du devoir de diligence concernant la chaîne d'approvisionnement :** les entreprises devraient rendre compte de leurs politiques et pratiques de diligence concernant la chaîne d'approvisionnement en élargissant, le cas échéant, le champ de leurs pratiques durables, de leurs responsabilités sociales ou de leurs rapports annuels pour y intégrer des informations supplémentaires sur le devoir de diligence appliqué à la chaîne d'approvisionnement en minerais.

ANNEXE II

Modèle de politique pour une chaîne d'approvisionnement globale responsable en minerais provenant de zones de conflit ou à haut risque[1]

Reconnaissant que des risques d'impacts négatifs graves peuvent être associés à l'extraction, au commerce, au traitement et à l'exportation des minerais provenant de zones de conflit ou à haut risque, et qu'il nous incombe de respecter les droits humains et de ne pas contribuer à des conflits, nous nous engageons à adopter, diffuser largement et incorporer dans les contrats et/ou les accords conclus avec les fournisseurs la politique suivante pour l'approvisionnement responsable en minerais provenant de zones de conflit ou à haut risque, qui constitue une référence commune pour des pratiques d'approvisionnement adaptées aux zones de conflit et la sensibilisation des fournisseurs aux risques, du point d'extraction jusqu'à l'utilisateur final. Nous nous engageons à nous abstenir de tout acte susceptible de contribuer au financement d'un conflit et à nous conformer aux résolutions applicables des Nations Unies ou, le cas échéant, aux lois nationales mettant en œuvre ces résolutions.

---

1. Ce modèle de politique pour une chaîne d'approvisionnement globale responsable en minerais provenant de zones de conflit ou à haut risque se veut un cadre de référence commun pour tous les acteurs de la chaîne d'approvisionnement en minerais. Les entreprises sont encouragées à l'intégrer dans leurs propres politiques de responsabilité sociale et de développement durable ou autres dispositions équivalentes.

Concernant les atteintes graves lors de l'extraction, du transport ou du commerce de minerais :

1. Lors de l'approvisionnement dans des zones de conflit ou à haut risque ou si nous opérons dans ces zones, nous ne tolérerons, ni profiterons, contribuerons, assisterons ou faciliterons en aucune manière la perpétration par des tiers des actes suivants :

   i) toute forme de torture ou de traitement cruel, inhumain et dégradant ;

   ii) toute forme de travail forcé ou obligatoire désignant tout travail ou service exigé d'un individu sous la menace d'une peine quelconque et pour lequel le dit individu ne s'est pas offert de plein gré ;

   iii) les pires formes de travail des enfants[2] ;

   iv) les autres violations flagrantes ainsi que les atteintes aux droits humains telles que les violences sexuelles généralisées ;

   v) les crimes de guerre, ou autres violations flagrantes du droit humanitaire international, les crimes contre l'humanité ou le génocide.

Concernant la gestion des risques liés à des atteintes graves :

2. Nous suspendrons immédiatement ou cesserons toute relation avec des fournisseurs en amont lorsque nous identifions un risque raisonnable qu'ils s'approvisionnent ou qu'ils soient liés à des tiers commettant des atteintes graves, tels que définies au paragraphe 1.

Concernant le soutien direct ou indirect aux groupes armés non-étatiques[3] :

3. Nous ne tolérerons aucun soutien direct ou indirect à des groupes armés non-étatiques à l'occasion de l'extraction, du commerce, du traitement ou de l'exportation de minerais. Par « soutien direct ou indirect » à des groupes armés non-étatiques à l'occasion de l'extraction, du transport, du commerce, du traitement et de l'exportation de minerais, il faut entendre, notamment, l'approvisionnement en minerais auprès, ou le versement de paiements ou

---

2. Voir la Convention de l'OIT n° 182 sur les pires formes de travail des enfants (1999).
3. Pour identifier des groupes armés non-étatiques, les entreprises sont invitées à se reporter aux résolutions applicables du Conseil de sécurité des Nations Unies.

la fourniture d'une assistance logistique ou matérielle à l'intention de groupes armés non-étatiques ou de leurs affiliés qui[4] :

i) contrôlent illégalement les sites miniers ou les itinéraires de transport, les points de commerce des minerais et les acteurs en amont dans la chaîne d'approvisionnement[5] ; et/ou

ii) taxent illégalement ou extorquent[6] de l'argent ou des minerais aux points d'accès aux sites miniers ou sur les itinéraires de transport ou aux points de commerce des minerais ; et/ou

iii) taxent illégalement ou extorquent des intermédiaires, des entreprises exportatrices ou des négociants internationaux.

Concernant la gestion des risques de soutien direct ou indirect à des groupes armés non-étatiques :

4. Nous suspendrons immédiatement ou cesserons toute relation avec des fournisseurs en amont lorsque nous identifions un risque raisonnable qu'ils s'approvisionnent ou soient liés à des tiers, soutenant directement ou indirectement aux termes du paragraphe 3 des groupes armés non-étatiques.

Concernant les forces de sécurité publiques ou privées :

5. Nous convenons de supprimer, conformément au paragraphe 10, le soutien direct ou indirect à des forces de sécurité publiques ou privées qui contrôlent illégalement les sites miniers, les itinéraires de transport et les acteurs en amont dans la chaîne d'approvisionnement ; qui taxent illégalement ou extorquent de l'argent ou des minerais aux points d'accès

---

4. Le terme « affiliés » comprend les négociants, groupeurs, intermédiaires et autres dans la chaîne d'approvisionnement qui travaillent directement avec des groupes armés pour faciliter l'extraction, le commerce ou le traitement de minerais.
5. Par « contrôle » des mines, des itinéraires de transport, des points de commerce des minerais et des acteurs en amont dans la chaîne d'approvisionnement, on entend : i) la supervision de l'extraction, y compris en ce qui concerne l'accès aux sites, et la coordination de la vente en aval aux intermédiaires, exportateurs et négociants internationaux ; ii) le recours à toute forme de travail forcé ou obligatoire pour l'extraction, le transport, le commerce ou la vente de minerais ; ou iii) l'exercice de fonctions d'administrateur ou d'agent, ou la possession d'intérêts bénéficiaires dans des entreprises en amont ou dans des mines.
6. On entend par « extorquer » le fait d'exiger sous la menace de violences ou de tout autre peine, des sommes d'argent ou des minerais en échange d'un accès pour exploiter le site minier, d'un accès aux routes commerciales ou en échange du transport, de l'achat ou de la vente de minerais.

aux sites miniers, le long des itinéraires de transport ou aux points de commerce des minerais ; ou taxent ou extorquent des intermédiaires, des entreprises exportatrices ou des négociants internationaux[7].

6. Nous reconnaissons que le rôle des forces de sécurité publiques ou privées sur les sites miniers et/ou dans les zones environnantes et/ou le long des itinéraires de transport doit avoir pour seule finalité de maintenir l'ordre public, de protéger les droits humains, d'assurer la sécurité des travailleurs, des équipements et des installations des mines, et de protéger les sites miniers ou les itinéraires de transport de toute interférence avec l'extraction et le commerce légitimes.

7. Lorsque nous ou toute entreprise faisant partie de notre chaîne d'approvisionnement passons un contrat avec des forces de sécurité publiques ou privées, nous nous engageons à veiller à ce que ces forces soient engagées conformément aux Principes volontaires sur la sécurité et les droits humains. En particulier, nous soutiendrons ou prendrons les mesures appropriées pour adopter des politiques de sélection afin de veiller à ce que des personnes et des unités des forces de sécurité qui sont connues pour être responsables d'atteintes flagrantes aux droits humains ne soient pas engagées.

8. Nous soutiendrons les efforts ou prendrons des mesures appropriées pour collaborer avec les autorités centrales ou locales, les organisations internationales et les organismes de la société civile afin de contribuer à la recherche de solutions pratiques pour améliorer la transparence, la proportionnalité et le caractère responsable des paiements effectués aux forces de sécurité publiques pour que celles-ci assurent la sécurité.

9. Nous soutiendrons les efforts ou prendrons des mesures appropriées pour collaborer avec les autorités locales, les organisations internationales et les organismes de la société civile afin d'éviter ou de réduire l'exposition de groupes vulnérables, en particulier les mineurs artisanaux lorsque les minerais présents dans la chaîne d'approvisionnement sont extraits de manière artisanale ou à petite échelle, aux impacts négatifs associés à la présence de forces de sécurité, publiques ou privées, sur les sites miniers.

---

7. « Soutien direct ou indirect » ne désigne pas les formes de soutien prescrites par la loi, y compris les taxes, droits et/ou redevances que les entreprises doivent au gouvernement d'un pays dans lequel elles exercent leurs activités (voir le paragraphe 13 ci-dessous consacré à la divulgation de ces paiements).

Concernant la gestion des risques liés aux forces de sécurité publiques ou privées :

10. Selon la position spécifique occupée par l'entreprise dans la chaîne d'approvisionnement, nous concevrons, adopterons et mettrons en œuvre sans délai un plan de gestion des risques avec les fournisseurs en amont et les autres acteurs afin de prévenir ou d'atténuer le risque de soutien direct ou indirect à des forces de sécurité publiques ou privées, aux termes du paragraphe 5, dès lors que nous identifions qu'un tel risque raisonnable existe. En pareil cas, nous suspendrons ou cesserons toute relation avec un fournisseur en amont après l'échec des tentatives d'atténuation des risques dans un délai de six mois à partir de l'adoption du plan de gestion des risques[8]. Dès lors que nous aurons identifié un risque raisonnable d'activités incompatibles avec les dispositions des paragraphes 8 et 9, nous agirons dans le même sens.

Concernant la corruption et les fausses déclarations d'origine des minerais :

11. Nous n'offrirons, ni promettrons ni accorderons des pots de vin et nous résisterons aux sollicitations de pots de vin aux fins de cacher ou de masquer l'origine des minerais, de faire de fausses déclarations concernant les taxes, les droits et les redevances versés aux gouvernements pour l'extraction, le commerce, le traitement, le transport et l'exportation de minerais[9].

Concernant le blanchiment d'argent :

12. Nous soutiendrons les efforts ou prendrons des mesures pour contribuer à l'élimination du blanchiment d'argent dans les situations où nous identifions un risque raisonnable de blanchiment d'argent résultant ou lié à l'extraction, au commerce, au traitement, au transport ou à l'exportation de minerais

---

8. Ainsi que cela est précisé à l'étape 3(D) de l'annexe I, les entreprises devraient réaliser une évaluation supplémentaire des risques qu'il est nécessaire d'atténuer, après l'adoption du plan de gestion des risques. Si dans un délai de six mois à partir de l'adoption de ce plan, aucune amélioration mesurable significative n'est constatée pour prévenir ou atténuer le risque de soutien direct ou indirect à des forces de sécurité publiques ou privées, telles qu'identifiées au paragraphe 5, les entreprises devraient suspendre ou cesser leurs relations avec le fournisseur en question pendant une période d'au moins trois mois. La suspension de la relation avec le fournisseur peut s'accompagner d'un plan de gestion des risques révisé, indiquant les objectifs de performance d'amélioration progressive à remplir avant le rétablissement de la relation commerciale.

9. Voir la Convention de l'OCDE sur la lutte contre la corruption d'agents publics étrangers dans les transactions commerciales internationales (1997) ; et la Convention des Nations Unies contre la corruption (2004).

provenant de la taxation illégale ou de l'extorsion de minerais aux points d'accès aux sites miniers, le long des itinéraires de transport ou aux points de commerce des minerais.

Concernant le paiement des taxes, droits et redevances dus aux gouvernements :

13. Nous ferons en sorte que soient payés aux gouvernements tous les droits, taxes et redevances au titre de l'extraction, du commerce, du traitement, du transport et de l'exportation de minerais provenant de zones de conflit ou à haut risque et, suivant la position de l'entreprise dans la chaîne d'approvisionnement, nous nous engageons à divulguer ces paiements conformément aux Principes énoncés dans l'Initiative pour la transparence des industries extractives (ITIE).

Concernant la gestion des risques liés à la corruption et aux fausses déclarations sur l'origine des minerais, au blanchiment d'argent et aux paiements de taxes, droits et redevances aux gouvernements :

14. Suivant la position spécifique de l'entreprise dans la chaîne d'approvisionnement, nous nous engageons à collaborer avec les fournisseurs, les autorités gouvernementales, centrales ou locales, les organisations internationales, la société civile et les tiers concernés, selon les cas, pour améliorer et suivre les performances en vue de réduire au minimum les risques d'impacts négatifs par des dispositions mesurables prises dans des délais raisonnables. Nous suspendrons ou cesserons toute relation avec un fournisseur après l'échec de tentatives d'atténuation des risques[10].

10. Ainsi que cela est précisé à l'Étape 3(D) de l'annexe I, les entreprises devraient réaliser une évaluation supplémentaire des risques qu'il est nécessaire d'atténuer, après l'adoption du plan de gestion des risques. Si dans un délai de six mois à partir de l'adoption de ce plan, aucune amélioration mesurable significative n'est constatée pour prévenir ou atténuer les risques liés à la corruption, aux fausses déclarations sur l'origine des minerais, au blanchiment d'argent et au paiement de taxes, droits et redevances aux gouvernements, les entreprises devraient suspendre ou cesser leurs relations avec le fournisseur en question pendant une période d'au moins trois mois. La suspension de la relation avec le fournisseur peut s'accompagner d'un plan de gestion des risques révisé, indiquant les objectifs de performance d'amélioration progressive à remplir avant le rétablissement de la relation commerciale.

ANNEXE III

Mesures suggérées pour l'atténuation des risques et indicateurs permettant de mesurer les améliorations

POLITIQUE RELATIVE À LA CHAÎNE D'APPROVISIONNEMENT – SÉCURITÉ ET QUESTIONS CONNEXES

ATTÉNUATION DES RISQUES

La mise en œuvre des mesures d'atténuation des risques suggérées peut être envisagée par les entreprises en amont, individuellement ou par le biais d'associations, d'équipes d'évaluation conjointes ou d'autres moyens appropriés pour mener les activités suivantes :

● alerter les services compétents de l'État (par exemple, ministère des mines) sur des pratiques abusives se produisant dans la chaîne d'approvisionnement ;

● dans les zones où les minerais font l'objet d'une taxation illégale ou d'extorsion, prendre des mesures immédiates pour veiller à ce que les intermédiaires et groupeurs en amont divulguent en aval ou publiquement les paiements effectués aux forces de sécurité publiques ou privées pour assurer la sécurité ;

● collaborer avec les intermédiaires et groupeurs pour les aider à renforcer leurs capacités de fournir des informations sur le comportement des forces de sécurité et les paiements effectués à leur profit ;

● en cas d'approvisionnement dans des zones d'exploitation minière artisanale et à petite échelle, favoriser la formalisation des accords en matière de sécurité entre les communautés minières, l'administration locale et les forces de sécurité publiques ou privées, en coopération avec les organismes de la société civile et les organisations internationales, de façon à veiller à ce que tous les paiements soient effectués librement et

POLITIQUE RELATIVE À LA CHAÎNE D'APPROVISIONNEMENT – SÉCURITÉ ET QUESTIONS CONNEXES *(suite)*

soient proportionnés au service fourni, à préciser les règles d'engagement conformément aux Principes volontaires sur la sécurité et les droits de l'homme et à soutenir la mise en place de forums communautaires pour partager et communiquer des informations.

- soutenir la création d'un fonds d'affectation spécial ou d'un autre fonds analogue par le biais duquel les forces de sécurité sont payées pour les services rendus.

- établir des partenariats avec des organisations internationales ou des organismes de la société civile, le cas échéant, pour appuyer le renforcement des capacités des forces de sécurité conformément aux Principes volontaires sur la sécurité des droits de l'homme, sur les sites miniers, et le Code de conduite des Nations unies pour les responsables de l'application des lois ou les Principes de base des Nations unies sur le recours à la force et l'utilisation des armes à feu par les responsables de l'application des lois.

Pour des précisions complémentaires, *voir* Agence multilatérale de garantie des investissements, *Les Principes volontaires sur la sécurité des droits de l'homme : Un outil de mise en œuvre pour les principaux sites* (2008) et Comité international de la Croix-Rouge – Formation pour le personnel de police et de sécurité armé et le Code International de Conduite pour les Fournisseurs de Services de Sécurité (2010).

INDICATEURS RECOMMANDÉS POUR MESURER LES AMÉLIORATIONS : Voir par exemple, Global Reporting Initiative, Indicator Protocol Set : Human Rights, Mining and Metal Sector Supplement (Version 3.0), Indicateur **HR8 :** *« Pourcentage du personnel de sécurité formé aux politiques ou procédures de l'organisation concernant les aspects des droits de l'homme qui sont pertinents pour les activités ».* Pour des descriptions plus approfondies des indicateurs, voir les commentaires relatifs aux indicateurs. Pour des informations complémentaires sur les rapports concernant les indicateurs et la collecte des données pertinentes, y compris pour les risques auxquels sont exposées les collectivités et les femmes, *voir* Global Reporting Initiative, Sustainability Reporting Guidelines & Mining and Metals Sector Supplement (Version 3.0).

POLITIQUE RELATIVE À LA CHAÎNE D'APPROVISIONNEMENT – SÉCURITÉ ET EXPOSITION DES MINEURS ARTISANAUX À DES IMPACTS NÉGATIFS

ATTÉNUATION DES RISQUES

En cas d'approvisionnement dans des zones d'exploitation minière artisanale, la mise en œuvre des mesures d'atténuation des risques suggérées ci-après peut être envisagée par les entreprises en amont, séparément ou par le biais d'associations, d'équipes d'évaluation conjointes ou d'autres moyens appropriés pour mener les activités suivantes :

● réduire au minimum les risques d'exposition des mineurs artisanaux à des pratiques abusives, en soutenant les efforts des gouvernements des pays hôtes pour professionnaliser progressivement le secteur artisanal, par la création de coopératives, d'associations ou d'autres structures mutuelles.

Pour de plus amples informations sur la manière de procéder à cette atténuation des risques, *voir* Responsible Jewellery Council, *Standards Guidance*, « COP 2.14 Exploitation minière artisanale et à petite échelle », notamment en ce qui concerne les moyens de soutenir la communauté plus large en s'approvisionnant localement pour le plus grand nombre de biens et de services possible ; d'éradiquer le travail des enfants comme condition pour un engagement dans la communauté ; d'améliorer la situation des femmes dans les communautés minières artisanales par des programmes de sensibilisation aux questions d'égalité homme-femme et d'autonomisation.

INDICATEURS RECOMMANDÉS POUR MESURER LES AMÉLIORATIONS : Voir par exemple, Global Reporting Initiative, Indicator Protocols Set: Society, Mining and Metals Sector Supplement (Version 3.0), indicateur **MM8 :** « *Nombre (et pourcentage) de [...] sites d'exploitation où des activités d'exploitation minière artisanale et à petite échelle se déroulent, sur le site ou à proximité ; les risques associés et les mesures prises pour gérer et atténuer ces risques* ». Pour de plus amples descriptions des indicateurs, voir les commentaires relatifs aux indicateurs. Pour des informations complémentaires sur les rapports concernant les indicateurs et la collecte des données pertinentes, *voir* Global Reporting Initiative, Sustainability Reporting Guidelines & Mining and Metals Sector Supplement (Version 3.0).

POLITIQUE RELATIVE À LA CHAÎNE D'APPROVISIONNEMENT – POTS-DE-VIN ET FAUSSES DÉCLARATIONS DE L'ORIGINE DES MINERAIS

ATTÉNUATION DES RISQUES

Les entreprises en amont peuvent coopérer par le biais d'associations, d'équipes d'évaluation et d'autres moyens appropriés pour renforcer les capacités des fournisseurs, en particulier des PME, concernant l'exercice du devoir de diligence pour une gestion responsable de la chaîne d'approvisionnement en minerais provenant de zones de conflit ou à haut risque.

INDICATEURS RECOMMANDÉS POUR MESURER LES AMÉLIORATIONS : Les indicateurs d'amélioration devraient être fondés sur les procédures énoncées dans le Guide. Ils pourraient par exemple comprendre *les informations communiquées en aval, la nature du système de transparence pour la chaîne de responsabilité ou la chaîne d'approvisionnement en place, la nature et la forme des évaluations et de la gestion des risques liés à la chaîne d'approvisionnement, en particulier pour vérifier les informations produites par la chaîne de responsabilité et les systèmes de transparence, la participation de l'entreprise aux activités de formation visant à renforcer les capacités et/ou à d'autres initiatives de l'industrie pour faciliter l'exercice du devoir de diligence appliqué à la chaîne d'approvisionnement.*

POLITIQUE RELATIVE À LA CHAÎNE D'APPROVISIONNEMENT – BLANCHIMENT D'ARGENT

ATTÉNUATION DES RISQUES

La mise en œuvre des mesures d'atténuation des risques suggérées ci-après peut être envisagée par les entreprises en amont, séparément ou par le biais d'associations, d'équipes d'évaluation conjointes ou d'autres moyens appropriés pour mener les activités suivantes :

- élaborer des signaux d'alerte au niveau des fournisseurs, des consommateurs et des opérations pour repérer les comportements et les activités suspects ;
- identifier et vérifier l'identité de tous les fournisseurs, partenaires commerciaux et clients ;
- signaler les comportements laissant suspecter des activités criminelles aux organismes locaux, nationaux, régionaux et internationaux chargés de l'application de la loi.

Pour de plus amples informations, voir Groupe d'action financière, Guide de l'approche fondée sur les risques pour lutter contre le blanchiment d'argent et le financement du terrorisme.

INDICATEURS RECOMMANDÉS POUR MESURER LES AMÉLIORATIONS : Les indicateurs d'amélioration devraient être fondés sur les processus énoncés dans le Guide. Par exemple les indicateurs pourraient comprendre la politique relative à la chaîne d'approvisionnement, les informations communiquées en aval, la nature du système de transparence pour la chaîne de responsabilité ou la chaîne d'approvisionnement en place, la nature et la forme des évaluations et de la gestion des risques liés à la chaîne d'approvisionnement, en particulier afin de vérifier les informations générées par la chaîne de responsabilité et les systèmes de transparence, la participation de l'entreprise aux activités de formation concernant le renforcement des capacités et/ou à d'autres initiatives de l'industrie pour faciliter l'exercice du devoir de diligence appliqué à la chaîne d'approvisionnement.

POLITIQUE RELATIVE À LA CHAÎNE D'APPROVISIONNEMENT – TRANSPARENCE CONCERNANT LES TAXES, DROITS ET REDEVANCES PAYÉS AUX GOUVERNEMENTS

ATTÉNUATION DES RISQUES

La mise en œuvre des mesures d'atténuation des risques suggérées ci-après peut être envisagée par les entreprises en amont, séparément ou par le biais d'associations, d'équipes d'évaluation conjointes ou d'autres moyens appropriés pour mener les activités suivantes :

- appuyer la mise en œuvre de l'Initiative pour la transparence dans les industries extractives ;
- soutenir la divulgation publique, sur une base désagrégée, de toutes les informations concernant les taxes, les droits et redevances qui sont versés aux gouvernements pour l'extraction, le commerce, le traitement, le transport et l'exportation de minerais provenant de zones de conflit ou à haut risque ;
- informer les organismes gouvernementaux à l'échelon local et central des éventuelles lacunes concernant la collecte et le suivi des recettes ;
- soutenir la formation au renforcement des capacités de ces organismes afin qu'ils s'acquittent efficacement de leur mission.

Pour un Guide concernant la manière dont les entreprises peuvent soutenir l'Initiative pour la transparence dans les industries extractives, voir *http://eiti.org/document/businessGuide*.

INDICATEURS RECOMMANDÉS POUR MESURER LES AMÉLIORATIONS : Voir, par exemple, Global Reporting Initiative, Indicator Protocols Set: Economic, Mining and Metals Sector Supplement (Version 3.0), indicateur **EC1 :** « *Valeur économique directe produite et distribuée, notamment recettes, coûts d'exploitation, rémunération du personnel, donations et autres investissements dans la communauté, bénéfices non distribués, et paiements aux apporteurs de capitaux et gouvernements* ». Pour des descriptions plus détaillées des indicateurs, voir les commentaires relatifs aux indicateurs. Pour des informations complémentaires sur les rapports concernant les indicateurs et la collecte des données pertinentes, *voir* Global Reporting Initiative, Sustainability Reporting Guidelines & Mining and Metals Sector Supplement (Version 3.0).

Supplément sur
l'Étain, le Tantale et le Tungstène

Champ d'application et définitions

Le présent supplément donne des orientations spécifiques sur le devoir de diligence concernant la chaîne d'approvisionnement en étain, en tantale et en tungstène (ci-après appelés « minerais ») provenant de zones de conflit ou à haut risque, en fonction des différentes positions des entreprises dans la chaîne d'approvisionnement de ces minerais. Il opère une distinction entre les rôles des entreprises situées *en amont* et de celles qui sont situées *en aval* de la chaîne d'approvisionnement, ainsi qu'entre les recommandations correspondantes relatives au devoir de diligence adressées à ces entreprises.

Aux fins de ce Supplément, « l'amont » désigne la chaîne d'approvisionnement en minerais qui va de la mine aux fonderies/affineries. Les « entreprises en amont » comprennent les entreprises minières (artisanales ou petites ou grande échelle)[1], les négociants locaux ou exportateurs du pays d'origine des minerais, les négociants internationaux de concentrés, les entreprises de retraitement de minerais et les fonderies/affineries. Le Guide sur le devoir de diligence pour des chaînes d'approvisionnement responsables en minerais provenant de zones de conflit ou à haut risque et ce Supplément (ci-après appelés le Guide) recommande entre autre à ces entreprises de mettre en place un système de contrôle interne des minerais en leur possession (chaîne de responsabilité ou traçabilité) et de déployer sur le terrain des équipes d'évaluation qui pourraient être constituées conjointement dans le cadre d'une coopération entre entreprises en amont et qui seraient chargées de produire et de partager des informations vérifiables, fiables et à jour sur les circonstances qualitatives d'extraction, de commerce, de traitement et d'exportation des minerais des zones de conflit ou à haut risque. Ce Guide invite ces entreprises en amont à indiquer les résultats des évaluations des risques à leurs acheteurs situés en aval et à faire vérifier par des tierces parties indépendantes, y compris dans le cadre d'un dispositif institutionnalisé, le respect du devoir de diligence par les fonderies/affineries.

Le terme « en aval » désigne la chaîne d'approvisionnement en minerais qui va des fonderies/affineries aux détaillants. Les « entreprises en aval » désignent les négociants et bourses de métaux, les fabricants de composants, les fabricants de produits, les fabricants d'équipements d'origine (« *original*

---

1. Les « entreprises en aval » comprennent les entreprises artisanales ou petites exploitations, et non les mineurs indépendants ou groupes informels de mineurs artisanaux.

equipment manufacturers » ou OEM) et les détaillants. Le Guide recommande que les entreprises en aval fassent de leur mieux pour identifier et examiner le processus de diligence mis en œuvre par les fonderies/affineries présentes dans leur chaîne d'approvisionnement et évaluent si celles-ci adhèrent aux mesures de diligence recommandées dans le présent Guide. Les entreprises en aval peuvent participer dans des initiatives menées par l'industrie et s'appuyer sur les informations générées par ces initiatives pour se conformer aux recommandations du Guide.

Cette distinction reflète le fait que les mécanismes de contrôle interne reposant sur la traçabilité des minerais dont dispose une entreprise ne peuvent généralement pas être appliqués après la phase de transformation puisque les métaux affinés arrivent sur le marché de consommation sous la forme de petites pièces entrant dans la fabrication de divers composants présents dans les produits finis. En raison de ces difficultés pratiques, les entreprises en aval doivent mettre en place vis-à-vis de leurs fournisseurs immédiats des mécanismes de contrôle interne. Elles peuvent coordonner leurs efforts au moyen d'initiatives de l'industrie pour accroître leur influence sur les fournisseurs, surmonter les difficultés pratiques et s'acquitter effectivement des recommandations relatives au devoir de diligence qui figurent dans le présent supplément.

Signaux d'alerte déclenchant l'application du présent supplément

Ce Guide s'applique aux acteurs qui opèrent dans une zone de conflit ou à haut risque, ou qui sont susceptibles de fournir ou d'utiliser de l'étain (cassitérite), du tantale (tantalite) ou du tungstène (wolframite) (ci-après appelés « minerais ») ou leurs dérivés affinés, en provenance d'une zone de conflit ou à haut risque. Les entreprises doivent commencer par examiner leurs pratiques en matière d'approvisionnement en minerais ou en métaux pour déterminer si le Guide s'applique à elles. Les indicateurs suivants doivent déclencher l'application des normes relatives au devoir de diligence et des processus qui figurent dans le présent Guide :

Signaux d'alerte concernant les lieux d'origine et de transit des minerais :

 Les minerais proviennent d'une zone de conflit ou d'une zone à haut risque ou ont transité par cette zone[2].

 Les minerais sont considérés comme provenant d'un pays dont les réserves connues, les ressources probables, ou les niveaux de production prévus du

---

2. Voir le Guide pour la définition des zones de conflit et à haut risque, et les indicateurs qui s'y rapportent.

minerai en question sont limités (c'est-à-dire que les volumes déclarés de minerai en provenance de ce pays sont sans commune mesure avec ses réserves connues ou ses niveaux de production prévus).

 Les minerais sont considérés comme provenant d'un pays dans lequel on sait que transitent des minerais provenant de zones de conflit ou à haut risque.

Signaux d'alerte concernant les fournisseurs :

 Les fournisseurs de l'entreprise ou les autres entreprises en amont connues détiennent des actions ou d'autres participations dans des entreprises qui fournissent des minerais provenant des zones d'origine et de transit signalées ci-dessus ou qui opèrent dans ces zones.

 Il est notoire que les fournisseurs de l'entreprise ou d'autres entreprises en amont connues se sont approvisionnés en minerais provenant d'une zone d'origine et de transit signalée comme sensible au cours des 12 derniers mois.

Si une entreprise de la chaîne d'approvisionnement n'est pas en mesure de déterminer si les minerais en sa possession proviennent d'une « zone d'origine ou de transit de minerais signalée comme sensible », elle doit appliquer la première étape du Guide.

Graphique 1. **Risques de la chaîne d'approvisionnement en minerais provenant de zones de conflit ou de zone à haut risque**

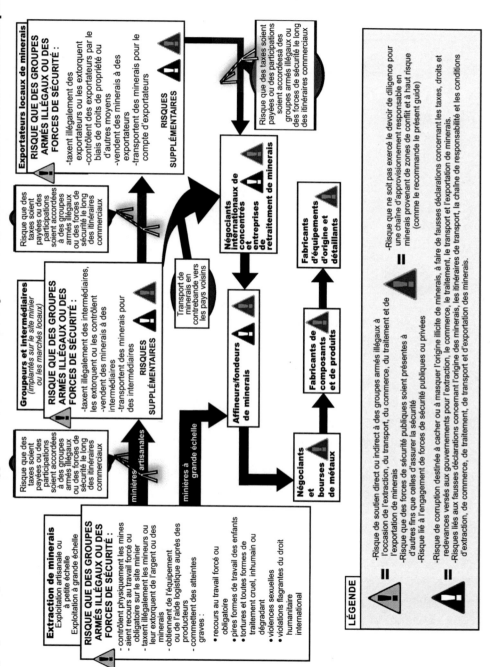

ÉTAPE 1 : ÉTABLIR DES SYSTÈMES SOLIDES DE GESTION DE L'ENTREPRISE

OBJECTIF : Veiller à ce que les systèmes mis en place au sein de l'entreprise pour lui permettre d'exercer son devoir de diligence couvrent les risques liés aux minerais provenant des zones de conflit ou à haut risque.

A. Adopter une politique relative à la chaîne d'approvisionnement en minerais provenant des zones de conflit ou à haut risque et s'engager à la respecter. Pour toutes les entreprises de la chaîne, cette politique doit comporter :

1. *Un engagement énonçant des principes communs relatifs à l'extraction, au transport, au traitement, au commerce, à la transformation, à la fusion, à l'affinage, à l'alliage et à l'exportation des minerais*, à l'aune desquels l'entreprise pourra s'évaluer elle-même, ainsi que ses activités et ses relations avec ses fournisseurs. Cet engagement doit respecter les normes définies dans le Modèle de politique pour une chaîne d'approvisionnement globale responsable, figurant l'annexe II.

2. *Un processus de gestion clair et cohérent* permettant de s'assurer que les risques sont correctement gérés. L'entreprise doit s'engager sur les étapes et recommandations exposées pour les différents niveaux identifiés dans ce Guide au sujet du devoir de diligence.

B. Organiser les systèmes de gestion interne en vue d'appuyer l'exercice du devoir de diligence appliqué à la chaîne d'approvisionnement. Les entreprises de la chaîne devraient :

1. Assigner à des responsables de haut rang, dotés des compétences, des connaissances et de l'expérience requises, l'autorité et la responsabilité de contrôler le processus de diligence appliqué à la chaîne d'approvisionnement.

2. Assurer la disponibilité des ressources nécessaires au fonctionnement et à la surveillance de ces processus[3].

3. Mettre en place une structure d'organisation et des méthodes de communication conçues de manière à transmettre les informations essentielles, notamment la politique de l'entreprise, aux salariés et fournisseurs concernés.

4. Veiller à la responsabilisation interne concernant la mise en œuvre du processus de diligence appliqué à la chaîne d'approvisionnement.

---

3. ISO 9001:2008, article 4.1 (d).

C. Mettre en place un système de contrôle et de transparence pour la chaîne d'approvisionnement en minerais.

C.1. RECOMMANDATIONS SPÉCIFIQUES – Pour les sociétés locales d'exportation de minerais

1. Réunir[4] et fournir les informations suivantes aux acheteurs immédiats en aval, qui les répercuteront ensuite jusqu'en bas de la chaîne d'approvisionnement, et à tout dispositif institutionnalisé mis en place au niveau régional ou mondial dans le but de rassembler et de traiter des informations sur les minerais en provenance de zones de conflit ou à haut risque :

   a) toutes les taxes, droits et redevances versées à l'État aux fins de l'extraction, du commerce, du transport et de l'exportation de minerais ;

   b) toute autre somme versée à des représentants de l'État aux fins de l'extraction, du commerce, du transport et de l'exportation de minerais ;

   c) toute taxe ou toute autre somme versée à des forces de sécurité publiques ou privées ou autres groupes armés en tout point de la chaîne d'approvisionnement à partir de l'extraction ;

   d) la structure de propriété (y compris les bénéficiaires effectifs) et d'organisation de l'exportateur, y compris les noms des dirigeants et des administrateurs de l'entreprise ; les liens de l'entreprise et de ses dirigeants avec les milieux d'affaires, l'administration, les milieux politiques ou l'armée ;

   e) la mine d'origine des minerais ;

   f) les quantités, les dates et méthodes d'extraction (extraction artisanale, à petite échelle ou à grande échelle) ;

   g) les lieux où les minerais sont groupés, échangés, transformés ou affinés ;

   h) l'identité de tous les intermédiaires, groupeurs ou autres acteurs situés en amont dans la chaîne d'approvisionnement ;

   i) les itinéraires de transport.

---

4. Le devoir de diligence est un processus continu, proactif et réactif. Les informations requises peuvent donc être réunies et leur qualité progressivement améliorée par différents moyens, comme la communication avec les fournisseurs [clauses contractuelles ou autres procédures décrites sous l'Étape 1(C) et l'Étape 1(D), par exemple], une chaîne de responsabilité ou un système de transparence [voir Étape 1 (C.4)] et l'évaluation des risques [voir Étape 2(I) et Appendice : Note d'orientation pour l'évaluation des risques par les entreprises en amont].

C.2. RECOMMANDATIONS SPÉCIFIQUES – *Pour les négociants internationaux de concentrés et les entreprises de retraitement de minerais*

1. Inclure les obligations d'information ci-dessus dans les contrats commerciaux conclus avec les exportateurs locaux[5].

2. Rassembler et fournir les informations suivantes aux acheteurs immédiats en aval et à tout dispositif institutionnalisé mis en place au régional ou mondial dans le but de rassembler et de traiter des informations sur les minerais en provenance de zones de conflit ou à haut risque :

   a) tous les documents d'exportation, d'importation et de réexportation, y compris les reçus de tous les paiements effectués aux fins de l'exportation, de l'importation et de la réexportation et toute taxe ou toute autre somme versée à des forces de sécurité publiques ou privées ou autres groupes armés ;

   b) l'identité de tous les fournisseurs directs (exportateurs locaux) ;

   c) toutes les informations fournies par l'exportateur local.

C.3. RECOMMANDATIONS SPÉCIFIQUES – *Pour les fonderies/affineries*

1. Inclure les obligations d'information ci-dessus dans les contrats commerciaux conclus avec les négociants internationaux de concentrés, les entreprises de retraitement de minerais et les exportateurs locaux[6].

2. Conserver pendant cinq ans au minimum, de préférence sous forme de base de données informatisée, les informations générées par le système de chaîne de responsabilité et/ou de traçabilité décrit ci-dessous et les mettre à la disposition des acheteurs situés en aval et à tout dispositif institutionnalisé mis en place au niveau régional ou mondial dans le but de rassembler et de traiter des informations sur les minerais en provenance de zones de conflit ou à haut risque[7].

---

5. C'est au négociant international de concentrés qu'il revient de collecter et de gérer les informations demandées aux sociétés locales d'exportation, que celles-ci se conforment ou non aux recommandations ci-dessus.

6. C'est à l'entreprise d'affinage qu'il revient de collecter et de gérer les informations demandées aux négociants internationaux de concentrés et aux sociétés d'exportation, que ceux-ci se conforment ou non aux recommandations ci-dessus.

7. *Voir* GAFI, Recommandation 10. *Voir aussi* annexe II, Système de certification du processus de Kimberley et *Kimberley Process Moscow Declaration* [Déclaration de Moscou du Processus de Kimberley].

C.4. RECOMMANDATIONS SPÉCIFIQUES – *Pour toutes les entreprises en amont*

1. Mettre en place un système de chaîne de responsabilité et/ou de traçabilité qui génère les informations suivantes sous forme désagrégée pour les minerais dont la zone d'origine ou de transit est signalée comme sensible, de préférence en fournissant à l'appui des documents sur les points suivants : la mine d'origine des minerais ; leur quantité, les dates d'extraction ; les lieux où les minerais sont groupés, commercialisés ou transformés ; tous les impôts, droits, redevances ou autres paiements effectués à des représentants de l'administration aux fins de l'extraction, du commerce, du transport et de l'exportation de minerais ; tous les impôts et autres paiements effectués aux forces de sécurité publique ou à d'autres groupes armés ; l'identité de tous les intervenants situés en amont dans la chaîne d'approvisionnement ; les itinéraires de transport[8].

2. Mettre toutes les informations collectées et conservées aux termes des normes et processus de diligence exposés dans ce Guide à la disposition des acheteurs en aval et des vérificateurs et de tout dispositif institutionnalisé mis en place au niveau régional ou mondial dans le but de rassembler et de traiter des informations sur les minerais en provenance de zones de conflit ou à haut risque.

3. Éviter si possible les achats en numéraire et veiller à ce que tous ces achats, lorsqu'ils sont inévitables, s'accompagnent de documents vérifiables et transitant de préférence par des circuits bancaires officiels[9].

4. Soutenir la mise en œuvre des principes et critères énoncés dans l'Initiative sur la transparence des industries extractives (ITIE)[10].

C.5. RECOMMANDATIONS SPÉCIFIQUES – *Pour toutes les entreprises en aval*

1. Mettre en place un système de transparence de la chaîne d'approvisionnement qui permette l'identification des informations suivantes sur la chaîne d'approvisionnement en minerais dont les zones d'origine et de transit sont signalées comme sensibles : fonderies/affineries de minerais dans la chaîne d'approvisionnement en minerais de l'entreprise ; désignation de tous les

---

8. Voir l'initiative pour la chaîne d'approvisionnement de l'ITRI, et en particulier les modèles (annexes 8, 9, 10) et l'annexe 3, Liste des documents utiles.
9. Les institutions financières sont invitées à se référer à ce Guide lorsqu'elles s'acquittent de leur devoir de diligence vis-à-vis des clients en leur offrant leurs services et à intégrer le respect de ce Guide dans leurs décisions.
10. Pour plus de précisions sur l'Initiative sur la transparence des industries extractives, *voir* http://eiti.org/. Pour un Guide concernant la manière dont les entreprises peuvent soutenir l'EITI, voir *http://eiti.org/document/businessGuide*.

pays d'origine, de transport et de transit des minerais dans les chaînes d'approvisionnement de chaque affinerie/fonderie. Les entreprises qui, en raison de leur taille ou d'autres facteurs, auraient des difficultés à identifier des acteurs en amont de leurs fournisseurs directs pourront s'impliquer et coopérer activement avec les entreprises qui ont avec elles des fournisseurs communs ou avec les entreprises en aval avec lesquelles elles ont des relations d'affaires pour identifier les fonderies auprès desquelles elles s'approvisionnent.

2. Conserver les fichiers correspondants de préférence dans une base de données informatisée pendant au moins cinq ans.

3. Soutenir le développement des systèmes existants de partage des données informatisées sur les fournisseurs[11], pour y inclure les affineries/fonderies et adapter ces systèmes en vue d'évaluer l'exercice du devoir de diligence à l'égard des fournisseurs appliqué à la chaîne d'approvisionnement en minerais provenant de zones de conflit et à au risque, à l'aune des critères et processus recommandés dans le présent Guide, compte dûment tenu de la confidentialité des affaires et d'autres considérations de concurrence[12].

D. Renforcer l'implication des entreprises auprès de leurs fournisseurs. Les entreprises de la chaîne d'approvisionnement devraient vérifier que les fournisseurs s'engagent à respecter une politique conforme aux dispositions de l'annexe II en ce qui concerne la chaîne d'approvisionnement, ainsi que les processus figurant dans ce Guide en matière de devoir de diligence. À cet effet, l'entreprise devrait :

1. Entretenir, lorsque cela est possible, des relations à long terme avec ses fournisseurs au lieu de conclure des contrats à court terme ou ponctuels, afin d'être en mesure d'accroître leur influence.

2. Communiquer à ses fournisseurs ses attentes en termes de chaîne d'approvisionnement responsable en minerais provenant de zones de conflit et à haut risque et inclure dans les contrats commerciaux et/ou dans les accords écrits conclus avec ses fournisseurs le Modèle de politique pour une chaîne d'approvisionnement globale responsable et les processus de diligence exposés dans ce Guide, dans la mesure où ils sont applicables et

---

11. Par exemple, *voir* les systèmes de partage des données informatisées telles que E-TASC : *http://e-tasc.com*.
12. Par confidentialité des affaires et autres considérations de concurrence, il faut entendre les informations sur les prix et les relations avec les fournisseurs, sans préjudice de toute nouvelle interprétation ultérieure. Toutes les informations seront communiquées à tout dispositif institutionnalisé mis en place au niveau régional ou mondial dans le but de rassembler et de traiter des informations sur les minerais en provenance de zones de conflit ou à haut risque.

susceptibles de suivi[13] y compris, si cela apparaît nécessaire, le droit de mener sans avertissement préalable des inspections sur place dans les locaux des fournisseurs et d'avoir accès à leur documentation.

3. Réfléchir aux moyens d'étayer et de renforcer les capacités des fournisseurs en vue d'améliorer leurs performances et de se conformer à la politique de l'entreprise en matière de chaîne d'approvisionnement[14].

4. S'engager vis-à-vis des fournisseurs à mettre au point des plans mesurables d'amélioration, avec la participation si cela apparaît approprié, des administrations locales et centrales, ainsi que des organisations internationales et de la société civile dans le cadre des efforts d'atténuation des risques[15].

E. Mettre en place un mécanisme de traitement des plaintes à l'échelon de l'entreprise. Selon leur position dans la chaîne d'approvisionnement, les entreprises pourraient envisager de :

1. Mettre en place un mécanisme permettant à toute partie intéressée (personnes lésées ou dénonciateurs) de faire connaître leurs préoccupations concernant les circonstances de l'extraction, de la commercialisation, du traitement et de l'exportation de minerais dans une zone de conflit ou à haut risque. L'entreprise pourra ainsi être alertée sur les risques liés à sa chaîne d'approvisionnement du fait des problèmes qui se posent, parallèlement aux évaluations des circonstances factuelles et des risques auxquelles elle procède.

2. Proposer ce mécanisme directement ou en coopération avec d'autres entreprises ou organisations, ou en facilitant le recours à un expert ou une instance externe (un médiateur, par exemple).

---

13. Voir Étapes 2 à 5 pour plus d'informations sur le suivi des fournisseurs et la gestion des cas de non-conformité.
14. Voir Étape 3.
15. Voir Étape 3.

ÉTAPE 2 : IDENTIFIER ET ÉVALUER LES RISQUES ASSOCIÉS À LA CHAÎNE D'APPROVISIONNEMENT

OBJECTIF : Identifier et évaluer les risques liés aux activités quand aux circonstances concernant l'extraction, le commerce, le traitement et l'exportation des minerais dans les zones de conflit ou à haut risque.

I. ENTREPRISES EN AMONT

Il appartient aux entreprises en amont de clarifier la chaîne de responsabilité et les circonstances de l'extraction, du commerce, du traitement et de l'exportation de minerais et de identifier les risques en évaluant ces circonstances par rapport au Modèle de politique pour une chaîne d'approvisionnement globale responsable en minerais provenant de zones de conflit ou à haut risque, figurant à l'annexe II. *Les entreprises en amont peuvent coopérer pour mettre en œuvre les recommandations figurant dans cette section par des initiatives conjointes. Cependant, elles conservent individuellement la responsabilité du devoir de diligence et doivent faire en sorte que tous les travaux menés en commun tiennent dûment compte des circonstances spécifiques à chacune d'entre elles.*

A. Déterminer le champ d'application de l'évaluation des risques afférents à la chaîne d'approvisionnement en minerais. Les affineries/fonderies, les négociants internationaux de concentrés et les entreprises de retraitement de minerais devraient étudier les informations obtenues à l'Étape 1 afin de cibler les évaluations des risques sur les minerais et les fournisseurs faisant l'objet des « signaux d'alerte concernant les zones d'origine et de transit de minerais » et des « signaux d'alerte concernant les fournisseurs » énumérés dans l'introduction.

B. Établir un schéma des conditions factuelles de la (des) chaîne(s) d'approvisionnement, existante(s) et envisagée(s), de l'entreprise. Les entreprises en amont devraient évaluer le contexte des zones de conflit ou à haut risque ; clarifier la chaîne de responsabilité, les activités et les relations de tous les fournisseurs en amont ; et identifier les localisations et les conditions qualitatives de l'extraction, du commerce, du traitement et de l'exportation du minerai. Les entreprises en amont devraient s'appuyer sur les informations obtenues et conservées lors de l'Étape 1 et devraient se procurer et conserver des informations à jour obtenues sur le terrain afin de retracer la chaîne d'approvisionnement et d'évaluer efficacement les risques. Voir **Appendice : Note d'orientation pour l'évaluation des risques par les entreprises en amont**, qui contient des indications sur la mise en place d'équipes d'évaluation sur le terrain (ci-après appelées « équipes d'évaluation ») et comporte une liste de questions recommandées en vue de leur examen éventuel. Les équipes d'évaluation pourraient être mises en place conjointement par des entreprises en amont qui effectuent leurs opérations ou qui s'approvisionnent depuis des zones de conflit ou à haut risque. Les entreprises en amont resteront individuellement responsables du suivi de toute recommandation formulée par les équipes d'évaluation et des actions entreprises en conséquence.

C. Évaluation des risques de la chaîne d'approvisionnement.
L'entreprise doit évaluer les caractéristiques factuelles de la chaîne d'approvisionnement par rapport au Modèle de politique pour une chaîne d'approvisionnement globale responsable sur une base qualitative afin de déterminer les risques de la chaîne d'approvisionnement :

1. Réexaminer les normes applicables, notamment :

   a) Les principes et normes de la politique de l'entreprise en matière de chaîne d'approvisionnement, conformément à l'annexe II[16] ;

   b) Les lois nationales des pays où l'entreprise est domiciliée ou cotée en bourse (le cas échéant) ; des pays d'où les minerais sont susceptibles de provenir ; et des pays de transit ou de réexportation ;

   c) Les instruments juridiques régissant les opérations et les relations commerciales de l'entreprise, tels que les accords de financement, les accords de sous-traitance et les contrats d'approvisionnement ;

   d) Les autres instruments internationaux pertinents, tels que les Principes directeurs de l'OCDE à l'intention des entreprises multinationales, le droit international humanitaire et les droits humains.

2. Déterminer si les conditions de la chaîne d'approvisionnement (en particulier les réponses aux questions d'orientation recommandées qui sont indiquées dans l'Appendice) sont conformes aux normes pertinentes. Toute divergence significative entre une circonstance de fait et une norme doit être considérée comme un risque pouvant avoir des conséquences dommageables.

II. ENTREPRISES EN AVAL

Les entreprises en aval devraient détecter les risques afférents à leur chaîne d'approvisionnement en déterminant et en évaluant les pratiques de diligence de leurs fonderies/affineries au regard des recommandations du présent Guide. Les entreprises en aval qui, en raison de leur taille ou d'autres facteurs, auraient des difficultés à identifier des acteurs en amont de leurs fournisseurs directs pourront s'impliquer et coopérer activement avec les

16. Voir Étape 1 (A) ci-dessus et annexe II.

entreprises qui ont avec elles des fournisseurs communs ou avec les entreprises en aval avec lesquelles elles ont des relations d'affaires pour mettre en œuvre la recommandation qui figure dans cette section afin d'identifier les fonderies/affineries qui sont dans la chaîne d'approvisionnement et évaluer leurs pratiques, ou bien identifier par le biais des systèmes de validation de l'industrie les fonderies/affineries qui respectent les dispositions du présent Guide de manière à s'approvisionner auprès d'elles[17]. Les entreprises en aval restent individuellement responsables de leur devoir de diligence et doivent veiller à ce que tout travail collectif tienne dûment compte des circonstances propres à chaque entreprise.

A. Identifier dans toute la mesure du possible les fonderies/ affineries de leur chaîne d'approvisionnement. Les entreprises en aval devraient s'efforcer d'identifier les fonderies/affineries de minerais qui produisent les métaux affinés utilisés dans leur chaîne d'approvisionnement. Elle peuvent à cet effet avoir des discussions confidentielles avec leurs fournisseurs immédiats, introduire dans les contrats conclus avec les fournisseurs des clauses relatives à la communication d'informations confidentielles les concernant, indiquer à leurs fournisseurs directs les fonderies/affineries qui respectent les dispositions de ce Guide et/ou utiliser des systèmes d'échanges d'informations confidentielles sur les fournisseurs ou des mécanismes établis au niveau sectoriel pour identifier les intervenants en amont dans la chaîne d'approvisionnement[18].

B. Déterminer le champ d'application de l'évaluation des risques afférents à la chaîne d'approvisionnement en minerais. Après avoir identifié les fonderies/affineries qui produisent le métal affiné utilisé dans leur chaîne d'approvisionnement, les entreprises en aval devraient s'adresser aux fonderies/affineries de leur chaîne d'approvisionnement pour obtenir des informations préliminaires sur le pays d'origine des minerais ainsi que les itinéraires de transport et de transit empruntés entre la mine et l'affinerie/la fonderie. Les entreprises en aval devraient étudier les informations recueillies comme indiqué ci-dessus et à l'Étape 1 afin de cibler les évaluations des risques sur les minerais et les fournisseurs faisant l'objet des « signaux d'alerte concernant les zones d'origine et de transit de minerais » et des « signaux d'alerte concernant les fournisseurs » énumérés dans l'introduction.

---

17. *Voir* EICC et GeSI *Refiner Validation Scheme.*
18. *Voir* l'Étape 1(C) et l'Étape 1(D) ci-dessus.

C. Déterminer si les fonderies/affineries ont mis en œuvre tous les éléments de leur devoir de diligence pour une gestion responsable de la chaîne d'approvisionnement en minerais provenant des zones de conflit ou à haut risque.

1. Obtenir des éléments détaillés sur les pratiques de l'affinerie/de la fonderie relatives au devoir de diligence.

2. Passer en revue les informations recueillies par l'équipe d'évaluation[19].

3. Vérifier si les éléments obtenus sur les pratiques de diligence de l'affinerie/de la fonderie sont conformes aux processus concernant la politique sur la chaîne d'approvisionnement et le devoir de diligence décrits dans le présent Guide.

4. Coopérer avec les fonderies/affineries pour contribuer à déterminer les moyens de renforcer les capacités, d'atténuer les risques et d'améliorer la diligence, y compris dans le cadre d'initiatives menées au niveau de l'industrie.

D. Si nécessaire, réaliser des contrôles ponctuels conjoints dans les locaux de l'affinerie/de la fonderie, y compris dans le cadre de programmes menés à l'initiative de l'industrie.

---

19. Voir Appendice : Note d'orientation pour l'évaluation des risques par les entreprises en amont.

ÉTAPE 3 : CONCEVOIR ET METTRE EN ŒUVRE UNE STRATÉGIE POUR RÉAGIR AUX RISQUES IDENTIFIÉS

OBJECTIF : Évaluer les risques identifiés et les prendre en compte afin de prévenir ou d'atténuer les impacts négatifs. Les entreprises peuvent coopérer pour mettre en œuvre les recommandations énoncées dans cette section dans le cadre d'initiatives conjointes. Cependant, elles restent individuellement responsables de leur devoir de diligence et doivent veiller à ce que tout travail collectif tienne dûment compte des circonstances propres à chaque entreprise.

A. Informer les hauts responsables désignés des conclusions de l'analyse, en décrivant les informations collectées et les risques effectifs et potentiels identifiés lors de l'évaluation des risques de la chaîne d'approvisionnement.

B. Concevoir et adopter un plan de gestion des risques.
Les entreprises devraient préparer un plan de gestion des risques afférents à la chaîne d'approvisionnement qui définisse les réactions de l'entreprise face aux risques déterminés à l'Étape 2. Les entreprises peuvent gérer les risques *i)* en poursuivant les opérations commerciales tout en appliquant des mesures d'atténuation des risques ; *ii)* en suspendant temporairement les échanges tout en prenant des mesures d'atténuation mesurable des risques ; ou *iii)* en mettant fin aux relations avec un fournisseur si l'atténuation s'avère irréalisable ou inacceptable. Pour adopter le plan de gestion des risques et déterminer la stratégie de gestion des risques à appliquer, les entreprises doivent :

1. Réexaminer le Modèle de politique pour une chaîne d'approvisionnement globale responsable en minerais provenant de zones de conflit ou à haut risque, figurant à l'annexe II pour déterminer s'il est possible d'atténuer les risques identifiés en poursuivant, en suspendant ou en cessant les relations avec les fournisseurs.

2. Gérer les risques qui ne nécessitent pas une cessation des relations avec un fournisseur par une atténuation mesurable de ces risques. L'atténuation mesurable des risques doit viser à promouvoir une amélioration progressive des performances selon un calendrier raisonnable. Dans la conception d'une stratégie d'atténuation des risques, les entreprises devraient :

   a) Considérer d'exercer leur influence, et si nécessaire prendre des mesures à fin d'accroître cette influence sur les fournisseurs en amont qui sont les mieux placés pour prévenir ou atténuer efficacement le risque identifié :

      i) **ENTREPRISES EN AMONT** – Selon leur position dans la chaîne d'approvisionnement, les entreprises en amont ont une influence réelle ou potentielle significative sur les intervenants de la chaîne d'approvisionnement qui sont le mieux à même d'atténuer efficacement et directement les risques importants d'impacts négatifs. Si les entreprises en amont décident de prendre des mesures d'atténuation des risques tout en maintenant ou en suspendant temporairement les relations commerciales, lesdites mesures doivent être ciblées sur la recherche des moyens de nouer en tant que de besoin des relations constructives avec les différentes parties prenantes afin d'éliminer progressivement les impacts négatifs réels dans des délais raisonnables[20].

ii) **ENTREPRISES EN AVAL** – Selon leur position dans la chaîne d'approvisionnement, les entreprises en aval sont incitées à accroître et/ou exercer leur influence sur les fournisseurs en amont qui sont les mieux à même d'atténuer efficacement et directement les risques d'impacts négatifs. Si les entreprises en aval décident de prendre des mesures d'atténuation des risques tout en maintenant ou en suspendant temporairement les relations commerciales, lesdites mesures devraient mettre l'accent sur la prise en compte des valeurs et l'amélioration des capacités des fournisseurs pour leur permettre d'exercer efficacement leur devoir de diligence et de l'améliorer. Les entreprises devraient encourager leurs organisations sectorielles représentatives à mettre au point et à appliquer des modèles de développement des capacités pour l'exercice du devoir de diligence en coopération avec les organisations internationales compétentes, les ONG, les différentes parties prenantes et autres experts.

b) Procéder à des consultations avec les fournisseurs et parties prenantes concernées et convenir d'une stratégie d'atténuation mesurable des risques dans le cadre du plan de gestion des risques. L'atténuation mesurable des risques devrait être adaptée aux fournisseurs spécifiques de l'entreprise et au contexte de leurs opérations, fixer clairement les résultats à attendre dans un délai raisonnable et inclure des indicateurs qualitatifs et/ou quantitatifs pour mesurer les améliorations obtenues.

i) **ENTREPRISES EN AMONT** – Publier l'évaluation des risques de la chaîne d'approvisionnement et le plan de gestion de ces risques, compte dûment tenu de la confidentialité des affaires et d'autres considérations de concurrence[21], et les mettre à la disposition des

---

20. Entreprises devraient faire référence à l'annexe II pour établir les mesures de gestion des risques les plus appropriées. L'annexe III comporte de mesures suggérées pour l'atténuation des risques et des recommandations concernant les indicateurs permettant d'évaluer les améliorations obtenues. Des orientations plus détaillées concernant l'atténuation des risques sont attendues de la phase de mise en œuvre du Guide.

21. Voir note 12.

collectivités locales, de l'administration centrale, des entreprises en amont, de la société civile locale et des tierces parties concernées. Les entreprises devraient laisser aux parties prenantes concernées un temps suffisant pour revoir leurs stratégies de gestion des risques, répondre aux questions, préoccupations et suggestions en matière de gestion des risques et en tenir dûment compte.

C. Mettre en œuvre le plan de gestion des risques, suivre les résultats de l'atténuation des risques et en informer les hauts responsables désignés, et envisager de suspendre ou de cesser les relations avec un fournisseur après des tentatives infructueuses d'atténuation des risques.

1. **ENTREPRISES EN AMONT** – Les entreprises en amont devraient mettre en œuvre les mesures d'atténuation des risques et en suivre les résultats en coopération et/ou consultation avec les autorités locales et centrales, les entreprises en amont, les organisations internationales ou de la société civile et les tierces parties concernées. Elles pourront assurer ou soutenir la création, le cas échéant, de réseaux de suivi au niveau local pour suivre les résultats de l'atténuation des risques.

D. Mener une évaluation supplémentaire des faits et des risques pour les risques devant être atténués ou après une modification des circonstances[22]. L'exercice du devoir de diligence concernant la chaîne d'approvisionnement est un processus dynamique qui nécessite un suivi continu. Après la mise en œuvre d'une stratégie d'atténuation des risques, l'entreprise doit répéter l'Étape 2 pour veiller à une gestion effective des risques. De plus, toute modification de la chaîne d'approvisionnement peut obliger l'entreprise à répéter certaines étapes pour prévenir ou atténuer les impacts négatifs.

22. Une modification des circonstances doit être déterminée en fonction de la perception des risques au moyen d'un contrôle permanent des documents émanant de la chaîne de responsabilité et du contexte concernant les zones de conflit d'où proviennent ou par lesquels transitent les minerais. Parmi les modifications des circonstances peut figurer un changement de fournisseur ou d'intervenant dans la chaîne de responsabilité, de lieu d'origine, d'itinéraire commercial ou de point d'exportation. Elles peuvent aussi porter sur des facteurs spécifiques au contexte, comme une escalade des conflits dans certaines régions, des changements du personnel militaire chargé d'une région et des changements d'actionnariat ou de contrôle dans la mine d'origine.

ÉTAPE 4 : EFFECTUER UN AUDIT INDÉPENDANT MENÉ PAR DES TIERS SUR LES PRATIQUES DE DILIGENCE DE L'AFFINERIE/DE LA FONDERIE

OBJECTIF : Effectuer un audit des pratiques de diligence de l'affinerie/de la fonderie pour assurer une gestion responsable de la chaîne d'approvisionnement en minerais provenant des zones de conflit ou à haut risque et contribuer à l'amélioration des pratiques de diligence des fonderies/affineries et des entreprises en amont, notamment dans le cadre d'un dispositif institutionnalisé à mettre en place à l'initiative de l'industrie avec l'appui des gouvernements et en coopération avec les différentes parties prenantes.

A. Programmer un audit indépendant mené par des tiers des pratiques de diligence de l'affinerie/de la fonderie pour assurer une gestion responsable de la chaîne d'approvisionnement en minerais provenant des zones de conflit ou à haut risque.

Le champ d'application, les critères, les principes et les modalités de l'audit devront être les suivants[23] :

1. **Champ d'application de l'audit :** l'audit portera sur toutes les activités, processus et systèmes utilisés par l'affinerie/la fonderie pour exercer son devoir de diligence concernant la chaîne d'approvisionnement en minerais provenant des zones de conflit ou à haut risque. Il peut s'agir, sans que cette liste soit exhaustive, des contrôles exercés par l'affinerie/la fonderie sur la chaîne d'approvisionnement en minerai, d'informations communiquées sur les fournisseurs aux entreprises en aval, d'informations sur la chaîne de responsabilité et d'autres renseignements sur les minerais, d'évaluations des risques effectuées par les fonderies/affineries, y compris des recherches sur le terrain, et des stratégies de gestion des risques des fonderies/affineries.

2. **Critères de l'audit :** l'audit doit déterminer la conformité du processus de diligence de l'affinerie/de la fonderie aux normes et processus décrits dans le présent Guide.

---

23. Cette recommandation définit certains principes de base, le champ d'application, les critères et autres informations élémentaires dont doivent tenir compte les entreprises pour charger un tiers indépendant de réaliser un audit spécifique à la chaîne d'approvisionnement et portant sur les pratiques de diligence des affineries/fonderies. Les entreprises doivent consulter la norme internationale ISO 19011:2002 (« ISO 19011 ») qui expose les exigences précises concernant les programmes d'audit (y compris les responsabilités, les procédures, les enregistrements, le suivi et l'examen dans le cadre du programme) et un examen étape par étape des activités d'audit.

3. **Principes de l'audit :**

a) *Indépendance :* pour préserver la neutralité et l'impartialité des audits, l'établissement chargé de l'audit et tous les membres de l'équipe d'audit (« auditeurs ») doivent être indépendants de l'affinerie/de la fonderie ainsi que de ses filiales, des titulaires de concession, de ses sous-traitants, de ses fournisseurs et des entreprises qui coopèrent en vue de l'audit conjoint. Cela signifie en particulier que les auditeurs ne doivent pas être en conflit d'intérêts avec l'entreprise auditée, c'est-à-dire qu'ils ne doivent pas avoir eu de relations d'affaires ou financières avec elle (sous forme de participations au capital, de créances ou de titres) ni lui avoir fourni un quelconque autre service, en particulier un service lié aux pratiques de diligence ou aux opérations de la chaîne d'approvisionnement faisant l'objet de l'évaluation, et ce durant les 24 mois qui ont précédé l'audit[24].

b) *Compétence :* les auditeurs doivent remplir les conditions définies dans le chapitre 7 de la norme ISO 19011 sur la compétence et l'évaluation des auditeurs. En particulier, les auditeurs doivent avoir des connaissances et des aptitudes dans les domaines suivants[25] :

i) les principes, procédures et techniques d'audit (ISO 19011) ;

ii) les principes, procédures et techniques de l'entreprise applicables au devoir de diligence concernant la chaîne d'approvisionnement ;

iii) l'organisation des activités de l'entreprise, en particulier le système de passation de marchés concernant les minerais et la chaîne d'approvisionnement en minerais de l'entreprise ;

iv) le contexte social, culturel et historique des zones de conflit d'où proviennent ou à travers lesquelles transitent les minerais, y compris des capacités linguistiques adéquates et une sensibilité culturelle appropriée pour mener des audits ;

v) toutes les normes applicables de prudence, y compris le Modèle de politique pour une chaîne d'approvisionnement globale responsable en minerais provenant de zones de conflit ou à haut risque (annexe II).

c) *Obligation de reddition de comptes :* des indicateurs de performance pourront servir à contrôler, en fonction des objectifs, du champ d'application et des critères de l'audit, l'aptitude des auditeurs à effectuer l'audit conformément à son programme, au regard des précédents résultats obtenus dans le cadre du programme d'audit[26].

24. Voir le chapitre VIII (A) de la Charte de la *Fair Labour Association*.
25. Les connaissances et les compétences requises peuvent être déterminées par la formation et l'expérience professionnelles de l'auditeur, telles que décrites au chapitre 7.4 de la norme ISO 19011:2002. Les auditeurs doivent aussi faire preuve de qualités personnelles telles que professionnalisme, impartialité et intégrité.
26. ISO 19011, article 5.6.

4. **Modalités de l'audit :**

   a) *Préparation de l'audit :* les objectifs, le champ d'application, la langue et les critères de l'audit doivent être clairement communiqués aux auditeurs, et toute ambiguïté doit être levée entre l'entreprise auditée et les auditeurs avant le début de l'audit[27]. Les auditeurs doivent déterminer la faisabilité de l'audit en fonction du temps, des ressources, des informations disponibles et de la coopération des parties concernées[28].

   b) *Examen des documents :* des exemples de tous les documents produits dans le cadre de l'exercice du devoir de diligence concernant la chaîne d'approvisionnement de l'affinerie/de la fonderie en minerais provenant de zones de conflit doivent être examinés « pour déterminer la conformité du système aux critères d'audit »[29]. Parmi eux figurent notamment les documents sur les contrôles internes de la chaîne d'approvisionnement (un échantillon des documents émanant de la chaîne de responsabilité, des enregistrements de paiements), les informations pertinentes et les dispositions contractuelles avec les fournisseurs, les documents établis à la suite des évaluations des faits et risques concernant l'entreprise (y compris toutes les pièces concernant les partenaires commerciaux et les fournisseurs, et les entretiens et les visites sur place) et tous les documents sur les stratégies de gestion des risques (accords avec les fournisseurs relatifs aux indicateurs d'amélioration progressive, etc.).

   c) *Enquêtes sur place :* avant de commencer les enquêtes sur place, les auditeurs doivent préparer un plan d'audit[30] et tous les documents de travail[31]. Ils doivent vérifier les résultats des évaluations des risques afférents à la chaîne d'approvisionnement de l'affinerie/de la fonderie et de sa gestion des risques. Les auditeurs doivent réunir d'autres preuves et vérifier les informations en menant les entretiens appropriés, en faisant des observations et en examinant des documents[32]. Les enquêtes sur place doivent concerner :

   i) **Les installations de l'affinerie/de la fonderie** et les sites sur lesquels cette entreprise exerce son devoir de diligence pour une gestion responsable de la chaîne d'approvisionnement en minerais provenant des zones de conflit ou à haut risque.

   ii) **Un échantillon de fournisseurs de l'affinerie/de la fonderie** (négociants internationaux de concentrés, entreprises de retraitement et exportateurs locaux) y compris les installations de ces fournisseurs.

27. ISO 19011, article 6.2.
28. *Ibid.*
29. ISO 19011, article 6.3.
30. ISO 19011, article 6.4.1.
31. ISO 19011, article 6.4.3.
32. ISO 19011, article 6.5.4.

iii) **Une réunion avec l'équipe chargée de l'évaluation** (voir Appendice) pour examiner les normes et méthodes permettant d'obtenir des informations vérifiables, fiables et à jour, ainsi qu'un échantillon des éléments de preuve utilisés par l'affinerie/la fonderie dans l'exercice de son devoir de diligence pour une gestion responsable de sa chaîne d'approvisionnement en minerais provenant de zones de conflit ou à haut risque. Pour préparer la réunion, les auditeurs doivent demander des informations et poser des questions à l'équipe d'évaluation sur le terrain.

iv) **Consultations avec les autorités des collectivités locales et de l'administration centrale, les groupes d'experts et missions de maintien de la paix des Nations Unies et la société civile locale.**

d) *Conclusions de l'audit :* les auditeurs doivent aboutir à des conclusions qui déterminent, en fonction des preuves recueillies, la conformité au présent Guide du processus de diligence de l'affinerie/de la fonderie pour une gestion responsable de sa chaîne d'approvisionnement en minerais provenant des zones de conflit ou à haut risque. Les auditeurs doivent formuler des recommandations dans le rapport d'audit pour que l'affinerie/la fonderie améliore ses pratiques de diligence.

B. Réaliser l'audit conformément au champ d'application, aux critères, aux principes et aux modalités définis ci-dessus.

1. **RÉALISATION DE L'AUDIT.** Dans l'état actuel des circonstances, tous les intervenants dans la chaîne d'approvisionnement doivent coopérer dans le cadre de leur association professionnelle pour s'assurer que l'audit est mené conformément au champ d'application, aux critères, aux principes et aux modalités définis ci-dessus.

a) *RECOMMANDATIONS SPÉCIFIQUES – pour les exportateurs locaux de minerais*

i) Autoriser l'accès aux sites de l'entreprise ainsi qu'à tous les documents et enregistrements témoignant de l'exercice du devoir de diligence concernant la chaîne d'approvisionnement.

ii) Faciliter l'accès sécurisé de l'équipe d'évaluation sur le terrain. Coordonner la logistique de manière à offrir un lieu de réunion sûr à l'équipe d'audit et à l'équipe d'évaluation sur le terrain.

b) *RECOMMANDATIONS SPÉCIFIQUES – pour les négociants internationaux de concentrés et les entreprises de retraitement de minerais*

i) Autoriser l'accès aux sites de l'entreprise ainsi qu'à tous les documents et enregistrements témoignant de l'exercice du devoir de diligence concernant la chaîne d'approvisionnement.

c) **RECOMMANDATIONS SPÉCIFIQUES** – *pour les fonderies/affineries*

   i) Autoriser l'accès aux sites de l'entreprise ainsi qu'à tous les documents et enregistrements témoignant de l'exercice du devoir de diligence concernant la chaîne d'approvisionnement.

   ii) Faciliter les contacts avec les fournisseurs sélectionnés par l'équipe d'audit.

d) **RECOMMANDATIONS SPÉCIFIQUES** – *pour toutes les entreprises en aval*

   i) Il est recommandé à toutes les entreprises en aval de participer et de contribuer par l'intermédiaire de leurs organisations sectorielles ou par tout autre moyen approprié à la désignation des auditeurs et à la définition des conditions de l'audit conformément aux normes et processus exposés dans le présent Guide. Les petites et moyennes entreprises sont encouragées à s'associer ou à constituer des partenariats avec ces organisations sectorielles.

2. **DISPOSITIF INSTITUTIONNALISÉ POUR UNE GESTION RESPONSABLE DE LA CHAÎNE D'APPROVISIONNEMENT EN MINERAIS EN PROVENANCE DE ZONES DE CONFLIT OU À HAUT RISQUE.** Tous les intervenants dans la chaîne d'approvisionnement peuvent, en coopération avec les administrations et la société civile et avec leur soutien, envisager d'intégrer le champ d'application, les critères, les principes et les modalités d'audit définis ci-dessus dans un dispositif institutionnalisé permettant de superviser et de soutenir la mise en œuvre du processus de diligence pour assurer une gestion responsable de la chaîne d'approvisionnement en minerais provenant des zones de conflit ou à haut risque. Cette institution devrait exercer les activités suivantes :

a) En ce qui concerne les audits :

   i) accréditation des auditeurs ;

   ii) supervision et vérification des audits ;

   iii) diffusion des rapports d'audit compte dûment tenu de la confidentialité des affaires et d'autres considérations de concurrence[33].

b) Concevoir et mettre en œuvre des modules de développement des capacités des fournisseurs en matière de diligence et d'atténuation des risques.

c) Recevoir les plaintes des parties intéressées au sein de l'entreprise concernée et y donner suite.

---

33. Voir note 12.

ÉTAPE 5 : PUBLIER CHAQUE ANNÉE UN RAPPORT SUR L'EXERCICE DU DEVOIR DE DILIGENCE CONCERNANT LA CHAÎNE D'APPROVISIONNEMENT

OBJECTIF : Publication d'un rapport concernant le devoir de diligence pour une gestion responsable de la chaîne d'approvisionnement en minerais provenant de zones de conflit ou à haut risque afin de susciter la confiance du public dans les mesures que prennent les entreprises.

A. Publier chaque année ou intégrer, lorsque cela est possible, dans les rapports annuels sur leurs pratiques durables ou la responsabilité des entreprises, des informations additionnelles concernant le devoir de diligence des entreprises pour une gestion responsable des chaînes d'approvisionnement en minerais provenant de zones de conflit ou à haut risque.

A.1. RECOMMANDATIONS SPÉCIFIQUES – *pour toutes les entreprises en amont*

1. *Systèmes de gestion de l'entreprise :* exposer la politique de l'entreprise pour accomplir son devoir de diligence concernant la chaîne d'approvisionnement ; expliquer la structure d'encadrement chargée du respect du devoir de diligence de l'entreprise et qui en est directement responsable au sein de cette entreprise ; décrire le système de contrôle de la chaîne d'approvisionnement en minerais mise en place par l'entreprise, en expliquant son mode de fonctionnement et les données générées qui ont soutenu les efforts de diligence de l'entreprise durant la période couverte par le rapport ; décrire la base de données et le système de tenue des registres de l'entreprise et expliquer les méthodes permettant de faire connaître l'ensemble des fournisseurs, en remontant jusqu'à la mine d'origine, aux intervenants situés en aval ; communiquer des informations sur les paiements effectués aux administrations conformément aux critères et principes de l'ITIE.

2. *Évaluation par l'entreprise des risques afférents à la chaîne d'approvisionnement :* publier l'évaluation des risques en tenant dûment compte de la confidentialité des affaires et d'autres considérations de concurrence[34]. Décrire succinctement la méthodologie appliquée dans le cadre de l'évaluation sur le

---

34. Par confidentialité des affaires et autres considérations de concurrence, il faut entendre les informations sur les prix et les relations avec les fournisseurs, sans préjudice de toute nouvelle interprétation ultérieure. Toutes les informations seront communiquées à tout dispositif institutionnalisé mis en place au niveau régional ou mondial dans le but de rassembler et de traiter des informations sur les minerais en provenance de zones de conflit ou à haut risque.

terrain, ses pratiques et les informations qu'elle a permis d'obtenir ; expliquer la méthodologie de l'évaluation par l'entreprise des risques afférents à sa chaîne d'approvisionnement.

3. *Gestion des risques* : décrire les mesures prises pour gérer les risques, y compris un rapport succinct sur la stratégie d'atténuation des risques dans le cadre du plan de gestion des risques, ainsi que les activités éventuelles de développement des capacités et la participation des parties prenantes concernées. Détailler les actions menées par l'entreprise pour assurer le suivi des résultats.

A.2. RECOMMANDATIONS SPÉCIFIQUES – *pour les fonderies/affineries*

1. *Audits* : publier les rapports d'audit des fonderies/affineries en tenant dûment compte de la confidentialité des affaires et d'autres considérations de concurrence[35].

A.3. RECOMMANDATIONS SPÉCIFIQUES – *pour toutes les entreprises en aval*

1. *Systèmes de gestion de l'entreprise* : exposer la politique menée par l'entreprise pour exercer son devoir de diligence concernant la chaîne d'approvisionnement ; expliquer la structure d'encadrement chargée du respect du devoir de diligence de l'entreprise et indiquer qui en est directement responsable dans l'entreprise.

2. *Évaluation et gestion des risques* : décrire les mesures prises pour identifier les fonderies/affineries faisant partie de la chaîne d'approvisionnement et évaluer leurs pratiques en matière de diligence, y compris la liste publiée des fonderies/affineries qualifiées dans le cadre de dispositifs sectoriels de validation conformes aux processus de diligence recommandés dans ce Guide. Décrire les mesures prises pour gérer les risques.

3. *Audits* : publier les rapports d'audit sur les pratiques relatives au devoir de diligence, en tenant dûment compte de la confidentialité des affaires et d'autres considérations de concurrence[36], et les réponses aux risques identifiés.

---

35. *Voir note 34.*
36. *Voir note 34.*

APPENDICE

Note d'orientation pour l'évaluation des risques par les entreprises en amont

A. Créer des conditions favorables à une évaluation efficace des risques. Lors de la conception et de l'organisation de l'évaluation des risques concernant la chaîne d'approvisionnement, les entreprises en amont dans la chaîne d'approvisionnement peuvent tenir compte des recommandations suivantes :

1. *Recourir à une approche fondée sur des preuves.* Les conclusions de l'évaluation des risques par l'entreprise doivent être corroborées par des preuves vérifiables, fiables et à jour qui peuvent être obtenues à la suite de recherches effectuées sur le terrain par une équipe d'évaluation.

2. *Préserver la fiabilité et la qualité de l'évaluation par l'entreprise des faits et risques afférents à une chaîne d'approvisionnement*, en s'assurant que les agents de l'entreprise chargés de l'évaluation sont indépendants de l'activité évaluée et à l'abri de conflits d'intérêts[37]. Les agents de l'entreprise chargés de l'évaluation doivent s'engager à faire un rapport fidèle et exact, à faire respecter les normes d'éthique professionnelle les plus strictes et à faire preuve de « diligence professionnelle »[38].

3. *Assurer le niveau approprié de compétence*, en employant des experts disposant de connaissances et de compétences dans les domaines suivants : les contextes opérationnels évalués (compétences linguistiques, sensibilités culturelles, etc.), la nature des risques liés aux conflits (normes figurant à l'annexe II, droits de l'homme, droit humanitaire international, corruption, délinquance financière, conflits et financement des parties à un conflit, transparence, etc.), la nature et la forme de la chaîne d'approvisionnement en minerais (marchés publics de minerais, etc.) et les normes et processus contenus dans ce Guide sur le devoir de diligence.

---

37. ISO 19011:2002, article 4.
38. ISO 19011:2002, article 4.

B. Mettre en place une équipe d'évaluation sur le terrain (ci-après appelée « équipe d'évaluation ») dans les zones de conflit ou à haut risque d'où proviennent des minerais ou par lesquels ils sont acheminés afin d'obtenir et de conserver des informations sur les fournisseurs et les circonstances de l'extraction, du commerce, du traitement et de l'exportation des minerais.

Les entreprises en amont peuvent mettre en place une telle équipe en coopération avec d'autres entreprises en amont qui s'approvisionnent dans ces zones ou y exercent leurs activités (« entreprises coopérantes »).

1. Les entreprises en amont qui mettent en place l'équipe d'évaluation doivent :

   a) S'assurer que cette équipe procède à des consultations avec les administrations locales et centrales pour obtenir des informations, afin de renforcer la coopération et d'ouvrir la voie à la communication entre les institutions administratives, la société civile et les fournisseurs locaux.

   b) S'assurer que l'équipe d'évaluation procède à des consultations régulières avec les organisations locales représentant la société civile qui disposent de connaissances et de compétences concernant les conditions locales.

   c) Assurer ou soutenir la création, le cas échéant, de réseaux de suivi au niveau local pour fournir des informations à l'équipe d'évaluation.

   d) Partager les informations obtenues et conservées par l'équipe d'évaluation tout au long de la chaîne d'approvisionnement, de préférence au moyen d'un système informatisé permettant l'accès au web pour les entreprises de la chaîne d'approvisionnement et tout dispositif institutionnalisé mis en place au niveau régional ou mondial dans le but de rassembler et de traiter des informations sur les minerais en provenance de zones de conflit ou à haut risque.

2. Les entreprises en amont qui mettent en place l'équipe d'évaluation doivent définir le domaine de compétence et les capacités de l'équipe d'évaluation sur le terrain afin qu'elles mènent les activités suivantes :

   a) Obtenir des données de première main sur les conditions factuelles de l'extraction, du commerce et du traitement et exportation des minerais. Ces données portent notamment sur les points suivants :

      i) **La militarisation des mines, des itinéraires de transport et des points de commerce des minerais.** L'équipe d'évaluation doit suivre la militarisation des mines, des itinéraires de transport et des lieux de commerce des minerais. Des cartes interactives indiquant la localisation des mines, des groupes armés, des itinéraires commerciaux, des barrages routiers et des aéroports peuvent constituer des sources de renseignements supplémentaires pour les entreprises[39]. Le suivi de la militarisation des mines, des itinéraires de transport et des lieux de commerce des minerais consiste à identifier les circonstances factuelles conduisant à un soutien direct ou indirect à des groupes armés non-étatiques et à des forces de sécurité publiques ou privées (selon les définitions du Modèle de politique pour une chaîne d'approvisionnement globale responsable, figurant à l'annexe II).

ii) **Atteintes graves lors de l'extraction, du transport ou du commerce de minerais (selon les définitions du Modèle de politique pour une chaîne d'approvisionnement globale responsable, figurant à l'annexe II) par des forces de sécurité publique, des groupes armés non-étatiques ou d'autres tierces parties opérant dans les zones minières et sur les itinéraires commerciaux.**

b) Répondre aux questions ou demandes d'éclaircissements spécifiques formulées par les entreprises coopérantes et proposer des recommandations concernant l'évaluation et la gestion des risques par l'entreprise. Toutes les entreprises coopérantes peuvent présenter des questions ou des demandes de clarification à l'équipe d'évaluation sur le terrain en ce qui concerne les points suivants[40] :

i) Les informations obtenues au moyen du système de traçabilité et de chaîne de responsabilité [étape 1(C)] et de l'évaluation des risques [étape 2].

ii) Les informations concernant les fournisseurs (intermédiaires et exportateurs) conformément aux protocoles d'identification des clients/fournisseurs, tels que ceux qui sont appliqués dans le cadre des systèmes de respect des obligations en matière de lutte contre le blanchiment de capitaux[41].

c) Recevoir et évaluer les doléances émises par les parties intéressées sur le terrain et les communiquer aux entreprises coopérantes.

B.1. RECOMMANDATIONS SPÉCIFIQUES – *pour les exportateurs locaux*

1. Faciliter la logistique locale pour l'équipe d'évaluation, en répondant à toute demande d'assistance.

2. Faciliter l'accès de l'équipe d'évaluation à tous les intermédiaires, groupeurs et transporteurs en amont.

39. Tels que DRC Map, US Department of State Map, IPIS map.
40. Les questions et clarifications doivent être enregistrées et intégrées aux systèmes d'information en vue de leur utilisation future, de leur suivi et de leur mise à jour et être accessibles conjointement par les entreprises coopérantes.
41. Voir par exemple Groupe d'action financière, Orientations concernant l'approche fondée sur les risques de la lutte contre le blanchiment de capitaux et le financement du terrorisme, juin 2007, section 3.10.

3. Permettre à l'équipe d'évaluation d'accéder à tous les sites de l'entreprise, y compris dans des pays limitrophes ou dans d'autres pays où des transbordements ou ré-étiquetages sont susceptibles d'avoir lieu, ainsi qu'à tous les livres, registres ou autres documents justificatifs des pratiques en matière de marchés publics, de paiement d'impôts, de droits et de redevances, ainsi qu'aux documents concernant les exportations.

4. Permettre à l'équipe d'évaluation d'accéder à toutes les informations obtenues et conservées dans le cadre des pratiques de l'entreprise en matière de devoir de diligence, notamment les paiements effectués au profit de groupes armés non-étatiques et de forces de sécurité publique ou privées.

5. Identifier les agents devant servir de points de contact pour l'équipe d'évaluation.

B.2. RECOMMANDATIONS SPÉCIFIQUES – *pour les négociants internationaux de concentrés et les entreprises de retraitement de minerais*

1. Faciliter l'accès de l'équipe d'évaluation à tous les transporteurs transfrontaliers, en lui permettant de se joindre sans préavis aux transports transfrontaliers de minerais.

2. Permettre aux équipes d'évaluation d'accéder à tous les sites appartenant à des négociants internationaux de concentrés et à des entreprises de retraitement de minerais dans des pays limitrophes ou dans d'autres pays, limitrophes ou non, dans lesquels peuvent avoir lieu des transbordements ou ré-étiquetages de minerais en provenance de régions de conflit ou à haut risque, pour lesquels des fuites dans la chaîne d'approvisionnement ont été constatées ou sont susceptibles d'exister.

3. Permettre à l'équipe d'évaluation d'accéder à tous les livres, registres ou autres documents justificatifs des pratiques en matière d'achats publics, de paiement d'impôts, de droits et de redevances, ainsi qu'aux documents concernant les exportations.

4. Permettre à l'équipe d'évaluation d'accéder à toutes les informations obtenues et conservées dans le cadre des pratiques de l'entreprise en matière de devoir de diligence, notamment les versements effectués au profit de groupes armés non-étatiques et de forces de sécurité publique.

5. Prendre l'initiative de fournir à l'équipe d'évaluation des dossiers concernant les minerais provenant d'autres zones signalées comme sensibles ou transitant par ces zones.

6. Identifier les agents devant servir de points de contact pour l'équipe d'évaluation.

B.3. RECOMMANDATIONS SPÉCIFIQUES – *pour les fonderies/affineries*

1. Identifier les agents devant servir de points de contact pour l'équipe d'évaluation.

2. Permettre à l'équipe d'évaluation d'accéder à tous les livres, registres ou autres documents justificatifs concernant les pratiques de passation de marchés publics, les versements d'impôts, de droits et de redevances, ainsi qu'aux documents concernant les exportations.

3. Permettre à l'équipe d'évaluation d'accéder à toutes les informations obtenues et conservées dans le cadre des pratiques de l'entreprise en matière de devoir de diligence.

C. RECOMMANDATIONS CONCERNANT LES QUESTIONS AUXQUELLES LES ÉVALUATIONS DE L'ENTREPRISE DEVRAIENT RÉPONDRE : ces questions portent sur les conditions couramment observées dans la chaîne d'approvisionnement en étain, tantale, tungstène, leurs minerais et dérivés métalliques qui entraînent des risques.

1. **Connaître la situation de la zone de conflit ou à haut risque d'où proviennent les minerais, par laquelle ils transitent et/ou à partir de laquelle ils sont exportés :**

   a) Étudier les caractéristiques des zones de conflit et à haut risque d'où proviennent les minerais, ainsi que des pays limitrophes et de transit (y compris les itinéraires commerciaux potentiels et les lieux d'extraction, de commerce, de traitement et d'exportation). Les informations pertinentes figurent dans des rapports publics (émanant des administrations, d'organisations internationales, d'ONG et de médias), des cartes, des rapports des Nations Unies et des sanctions du Conseil de sécurité des Nations Unies, des études sectorielles concernant l'extraction de minerais et son impact sur les conflits, les droits de l'homme ou les dommages causés à l'environnement dans le pays d'origine potentielle, ou dans d'autres déclarations publiques (émanant de fonds de pension éthiques, par exemple).

   b) Y a-t-il des entités internationales capables d'intervenir et d'effectuer des enquêtes, telles que les unités de maintien de la paix des Nations Unies, qui soient établies dans la zone ou à proximité ? Ces entités peuvent-elles être utilisées pour identifier les intervenants dans la chaîne d'approvisionnement ? Existe-t-il au niveau local des moyens de recours pour répondre aux préoccupations liées à la présence de groupes armés ou d'autres facteurs de conflit ? Y a-t-il au niveau national, provincial et/ou local des organismes de réglementation compétents pour les questions minières qui seraient en mesure de traiter ces problèmes ?

2. Connaître les fournisseurs et partenaires commerciaux[42]

a) Qui sont les fournisseurs ou autres parties intervenant dans le financement, l'extraction, le commerce et le transport de minerais entre le point d'extraction et le point auquel l'entreprise qui exerce son devoir de diligence prend en charge ces minerais ? Identifiez tous les intervenants importants de la chaîne d'approvisionnement, en collectant des informations sur la propriété (y compris les bénéficiaires effectifs), la structure de la société, les noms de ses dirigeants et des membres de son conseil d'administration, les participations que détient la société ou ses dirigeants dans d'autres organismes, les liens de l'entreprise et de ses dirigeants avec des intérêts commerciaux, administratifs, politiques ou militaires (en mettant l'accent en particulier sur les relations potentielles avec des parties au conflit)[43].

b) Quels sont les systèmes de marchés publics et de diligence que ces fournisseurs ont mis en place ? Quelles sont les politiques adoptées par les fournisseurs en ce qui concerne la chaîne d'approvisionnement et comment s'intègrent-elles dans leur processus de gestion ? Comment appliquent-ils les contrôles internes des minerais ? Comment appliquent-ils ces politiques et conditions à leurs fournisseurs ?

3. Connaître les conditions de l'extraction de minerais dans les zones de conflit ou à haut risque

a) Quelle est l'origine exacte des minerais (mines d'origine) ?

b) Quelle a été la méthode d'extraction ? Déterminer si les minerais ont été extraits par des méthodes artisanales et sur une petite échelle ou une grande échelle et, dans les deux premiers cas, déterminer si possible s'ils sont été extraits par des mineurs artisanaux individuels, des coopératives minières artisanales, des associations ou de petites entreprises. Identifier les impôts, droits et redevances versés aux institutions administratives, et les déclarations concernant ces paiements.

c) Les conditions d'extraction impliquent-elles la présence et l'intervention de forces de sécurité publiques ou privées et autres groupes armés, notamment pour l'une ou plusieurs des opérations suivantes : contrôle direct de la mine ou des itinéraires de transport autour de celle-ci, prélèvement d'impôts sur l'exploitation de la mine ou extorsion de

---

42. Voir, par exemple Groupe d'action financière, Orientations concernant l'approche fondée sur les risques de la lutte contre le blanchiment de capitaux et le financement du terrorisme, juin 2007, section 3.10. Voir Étape 2.

43. Voir chapitre VI des *Guidelines on reputational due diligence*, International Association of Oil & Gas Producers (Rapport No. 356, 2004). Voir aussi chapitre 5 « Connaître les clients et les partenaires commerciaux » de l'*Outil de sensibilisation au risque de l'OCDE destiné aux entreprises multinationales opérant dans les zones à déficit de gouvernance*, 2006.

minerais, détention de la mine ou de droits sur les minerais par des parties au conflit ou par des membres de leur famille, exercice d'activités minières à titre de revenu accessoire en dehors du service, ou fourniture d'un service de sécurité payé par l'exploitant de la mine ou financé par des impôts sur la production. Certains de ces groupes armés ou forces de sécurité publique ou privées interviennent-ils dans le conflit ou y ont-ils des intérêts ? Certains d'entre eux ont-ils dans le passé commis des atteintes généralisées aux droits de l'homme ou d'autres délits ?

d) Quelles sont les conditions d'extraction ? En particulier, identifier i) toute forme de torture ou de traitement cruel, inhumain et dégradant pratiqué aux fins de l'extraction de minerais ; ii) toute forme de travail forcé ou obligatoire exige d'un individu sous la menace d'une peine quelconque et pour lequel le dit individu ne s'est pas offert de plein gré ; iii) les pires formes de travail des enfants aux fins de l'extraction de minerais ; iv) les autres violations flagrantes des droits de l'homme et atteintes à ceux-ci telles que violences sexuelles généralisées sur les sites miniers ou au cours de l'extraction de minerais ; v) les crimes de guerre ou autres graves violations du droit humanitaire international, les crimes contre l'humanité ou les génocides.

4. **Connaître les conditions du traitement et du commerce de minerais dans les zones de conflit ou à haut risque**

a) Les acheteurs en aval étaient-ils établis sur le site de la mine ou ailleurs ? Les minerais provenant d'exploitants différents étaient-ils traités et transformés séparément et ont-ils été vendus en aval séparément ? Dans le cas contraire, à quel stade les minerais ont-ils été traités, groupés et mélangés lorsqu'ils ont été vendus en aval ?

b) Qui étaient les intermédiaires qui ont traité les minerais ? Indiquer si certains de ces intermédiaires ont été accusés ou soupçonnés d'avoir extrait ou commercialisé des minerais en association avec des groupes armés non-étatiques.

c) Dans quelle mesure des forces de sécurité publiques ou privées ou autres groupes armés ou non-étatiques sont-ils éventuellement intervenus directement ou indirectement dans la commercialisation, le transport ou la taxation des minerais ? Des forces de sécurité publiques ou privées ou autres groupes non-étatiques bénéficient-ils d'une manière ou d'une autre de la commercialisation, du transport ou de la taxation des minerais par d'autres parties, notamment dans le cadre de relations avec des intermédiaires ou des exportateurs ?

d) Dans quelle mesure des groupes armés officiels ou non-étatiques sont-ils présents le long des itinéraires de commercialisation et de transport ? Y a-t-il des atteintes aux droits de l'homme lors de la commercialisation, du transport ou de la taxation des minerais ? Par exemple, le travail forcé, l'extorsion ou la coercition sont-ils utilisés ? Le travail des enfants est-il utilisé ? En particulier, identifier *i)* toute forme de torture ou de traitement cruel, inhumain et dégradant pratiqué aux fins du transport ou du commerce de minerais ; *ii)* toute forme de travail forcé ou obligatoire aux fins du transport, du commerce ou de la vente de minerais ; *iii)* les pires formes de travail des enfants aux fins du transport ou du commerce de minerais ; *iv)* les autres violations flagrantes des droits de l'homme et atteintes à ceux-ci telles que violences sexuelles généralisées sur les sites miniers ou au cours du transport ou du commerce de minerais ; *v)* les crimes de guerre ou autres graves violations du droit humanitaire international, les crimes contre l'humanité ou les génocides aux fins du transport ou du commerce de minerais.

e) Quelles sont les informations disponibles pour vérifier les opérations commerciales effectuées en aval, notamment : documents authentiques, itinéraires de transport, contrats de concession, transports transfrontaliers, et présence de groupes armés et/ou forces de sécurité publiques ou privées ?

5. **Connaître les conditions d'exportation à partir des zones de conflit ou à haut risque**

a) Quel est le point d'exportation et y a-t-il eu des accusations ou des soupçons de paiements de facilitation ou autres versements illicites effectués au point d'exportation pour dissimuler l'origine des minerais ou la présenter d'une manière frauduleuse ? Quels sont les documents qui ont accompagné l'exportation de minerais et y a-t-il des accusations ou des soupçons concernant la production de documents frauduleux ou de déclarations inexactes (concernant le type de minerai, sa qualité, son origine, son poids, etc.) ? Quels sont les impôts, droits ou autres redevances qui ont été versés à l'exportation et y a-t-il eu des accusations ou des soupçons de sous-déclaration ?

b) Comment le transport des minerais exportés a-t-il été coordonné et comment a-t-il été effectué ? Qui sont les transporteurs et y a-t-il eu des accusations ou des soupçons de corruption de leur part (paiements de facilitation, versements illicites, sous-déclarations, etc.) ? Comment le financement des exportations et leur assurance ont-ils été obtenus ?

ORGANISATION DE COOPÉRATION ET DE DÉVELOPPEMENT ÉCONOMIQUES

L'OCDE est un forum unique en son genre où les gouvernements œuvrent ensemble pour relever les défis économiques, sociaux et environnementaux que pose la mondialisation. L'OCDE est aussi à l'avant-garde des efforts entrepris pour comprendre les évolutions du monde actuel et les préoccupations qu'elles font naître. Elle aide les gouvernements à faire face à des situations nouvelles en examinant des thèmes tels que le gouvernement d'entreprise, l'économie de l'information et les défis posés par le vieillissement de la population. L'Organisation offre aux gouvernements un cadre leur permettant de comparer leurs expériences en matière de politiques, de chercher des réponses à des problèmes communs, d'identifier les bonnes pratiques et de travailler à la coordination des politiques nationales et internationales.

Les pays membres de l'OCDE sont : l'Allemagne, l'Australie, l'Autriche, la Belgique, le Canada, le Chili, la Corée, le Danemark, l'Espagne, l'Estonie, les États-Unis, la Finlande, la France, la Grèce, la Hongrie, l'Irlande, l'Islande, Israël, l'Italie, le Japon, le Luxembourg, le Mexique, la Norvège, la Nouvelle-Zélande, les Pays-Bas, la Pologne, le Portugal, la République slovaque, la République tchèque, le Royaume-Uni, la Slovénie, la Suède, la Suisse et la Turquie. L'Union européenne participe aux travaux de l'OCDE.

Les Éditions OCDE assurent une large diffusion aux travaux de l'Organisation. Ces derniers comprennent les résultats de l'activité de collecte de statistiques, les travaux de recherche menés sur des questions économiques, sociales et environnementales, ainsi que les conventions, les principes directeurs et les modèles développés par les pays membres.

ÉDITIONS OCDE, 2, rue André-Pascal, 75775 PARIS CEDEX 16
(20 2011 06 2 P) ISBN 978-92-64-11121-9 – n° 58034 2011-01